KB169934

야망의 힘

THE POWER *of* AMBITION

꿈을 현실로 바꾸는 강력한 마인드셋

야망의 힘

짐 론 지음 · 유지연 옮김

오아시스

당신을 부와 성공으로 이끄는 야망의 힘

야망은 강력한 힘이다. 야망은 희망을 현실로 바꾸며, 행복한 삶으로 우리를 이끈다. 또 야망은 다른 사람을 희생시키는 것이 아니라 다른 사람을 도움으로써 이루는 것이다. 이제부터 야망이 모든 성공의 핵심인 이유를 살펴볼 것이다. 중요한 사실에 밑줄을 긋고 메모한 뒤, 자신의 삶과 목표에 맞게 그것을 적용해 보기 바란다. 이 책은 시작에 불과하다. 당신이 이 책에서 얻게 될 통찰은 당신을 부와 성공으로 이끌 가능성을 품은 작은 씨앗일 뿐이다. 부디 이 씨앗을 상상력과 창의력으로 발전시키고, 믿음이라는 물을 주고, 행동으로 강화하여 열매 맺기를 바란다.

야망, 매 순간 실천해야 하는 간절한 열망

야망은 '명예나 권력, 명성에 대한 간절한 열망'이라고 사전에 정의되어 있다. 이게 과연 무슨 뜻일까? '열망'은 단순한 '소망'이나 '희망'과는 다르다. 사람들이 "몸무게가 2~3kg만 빠지면 좋겠어."라고 말하는 것을 들어 본 적 있을 것이다. 혹은 주말에 성대한 저녁 식사를 마친 후 당신도 그런 말을 한 적이 있을 것이다. 이것은 단순한 '소망'이자 '희망'이다. 몸무게가 줄었으면 좋겠다는 바람이 현실이 되기 위해서는, 지금보다 덜 먹고 지금보다 더 움직이려는 '열망'을 가져야 한다. 마찬가지로 사람들이 "돈이 더 많았으면 좋겠어."라고 말하는 것을 들어 본 적이 있을 것이다. 그러나 돈을 많이 벌고 싶다는 바람이 현실이 되기 위해서는, 지금보다 덜 놀고 지금보다 더 일하려는 '열망'을 가져야 한다. 이처럼 진정한 변화를 원한다면 '소망'이나 '희망'이 '열망'으로 바뀌어야 한다. 인생에서 무언가를 새롭게 원하거나 바라면서, TV 앞에 앉아 멍하니 저녁 시간을 보내서는 안 된다. 지금보다 많은 돈을 벌고, 더 좋은 가족 관계를 형성하고, 더 나은 삶을 살기 위해서는 단순한 '소망'이나 '희망'이 아닌 간절한 '열망', 바로 야망이 필요하다.

또한 진정한 야망은 정해진 규율을 지키며 실천하는 간절한 열망이다. 이는 다음과 같은 말로 표현된다. "내일 회의를 진행하려면 오늘 안에 준비를 끝내야 해.", "아이의 대학 등록금을 마련하고 싶으면 오늘부터 저축해야 해.", "내일 더 나은 삶을 원한다면 오늘부터 노력해야 해." 야망은 매 순간, 그리고 매일매일의 사고방식이다. 더 나은 가정생활, 더 좋은 자동차, 더 큰 집, 재정적으로 안정된 미래를 향해 노력하겠다는 야망을 품었다면 매 순간 그러한 야망을 실천해야 한다.

꿈, 잠재력을 발휘시키는 창조적인 힘

소수의 부유한 사람들과 다수의 가난한 사람들, 이 두 집단의 주된 차이는 무엇인가? 부모, 학교, 성장 환경 등 우리 삶에 영향을 미치는 온갖 요인들이 있지만, 꿈만큼 우리에게 도움이 되는 잠재력은 없다. 꿈은 우리가 원하는 삶을 투영한 모습이다. 꿈은 추진력을 발휘하게 하고, 장애물을 뛰어넘게 한다. 꿈은 우리를 가로막는 모든 것을 제압할 수 있는 창조적인 힘을 발휘한다. 하지만 이 힘을 발휘하려면 꿈을 잘 정의해야 한다.

꿈을 이루려면 즉, 꿈이 우리를 이끌어 가도록 하려면 꿈이 생생해야 한다. 로키산맥의 4,400m 봉우리를 바라보고 있으면 그런 생각이 든다. 이곳의 정착민들은 어떻게 여기를 올라갔을까? 그들에게는 큰 꿈이 있었고 야망이 있었다. 산을 넘는 과정에서 갖은 고난과 괴로움을 겪었겠지만, 그들은 한 가지 비전을 갖고 있었다. 풍부한 햇살과 엄청난 부를 누릴 수 있는 땅에 도달해 삶을 다시 시작하는 것이었다. 그들의 꿈은 그들의 길을 가로막는 장애물보다 강했다. 이렇듯 우리는 꿈꾸는 사람이 되어야한다. 우리는 완성된 미래를 미리 보아야 한다. 우리는 4,400m 봉우리를 오르면서 캘리포니아에 도달하려고 해야 한다. 우리는 경기를 뛰는 동안 결승선을 보아야 한다. 우리는 대형 프로젝트를 진행하고 있는 가운데 성공의 환호성을 들어야 한다. 불편한 일이 편안해질 때까지, 우리는 기꺼이 그 과정을 겪어야 한다. 그것이 바로 꿈을 실현하는 방법이다.

미국은 꿈으로 건국되었고, 꿈은 항상 중요했다. 꿈은 수천 명의 사람들이 집과 가족을 떠나 무엇이든 가능한 이 땅에서 다시 시작하게 만든 원동력이다. 오늘날까지도 꿈은 계속해서 사람들을 기회의 땅으로, 작은 것에서 시작해 많은 것을 이룰 수 있는 나라로 이끌고 있다. 미국으로 건너온 수많은 이민자들이 새로운 삶을 구축하고 부를 쌓는 동안 미국에서 태어난 수많은 사람들이 어째서 가까스로 생존하는 데 그치고 있는지 궁금하지 않은가? 이민자들에게는 바로 꿈과 야망이 있었기 때문이다.

성공, 자신의 일에 대한 만족에서 오는 기쁨

성공은 상대적이다. 따라서 성공의 의미는 사람마다 다르다. 학생에게 성공은 어려운 시험에서 1등을 하는 것일 수 있다. 전업주부에게 성공은 화목한 가정일 수 있다. 영업 사원에게 성공은 주요 계약을 성사시키는 짜릿함, 성과 보너스를 받는 자부심, 최우수 영업 사원에 선정되는 것일 수 있다. 그러나 성공한 사람들이 말하는 한 가지 공통점은 자신이 하는 일에 만족한다는 사실이다. 즉, 성공은 자신의 일에 대한 만족에서 오는 기쁨이다.

당신은 오늘 하루를 성공적으로 만들기 위해 무엇을 했는가? 이 질문에 대해 생각하고 답을 적어 보자. 하루를 마무리할 때 오늘 하루 잘했던 일들을 적는다면, 머지않아 패턴이 형성되는 것을 확인할 수 있다. 정직하게 노력하고, 꿈을 이루기 위해 모든 것을 실천하고, 현재 위치에 만족하고, 계획한 일을 끝까지 해내고, 이러한 프로젝트를 10년 동안 진행한다면 대부분의 사람은 스스로 성공했다고 생각할 것이다. 성공은 이처럼 한 번에 한 걸음씩 나아가는 것이며, 시간이 얼마나 걸리든 그 과정에서 이루는 작은 성취를 축하하는 것이다.

발전, 작은 변화를 매일 한 가지씩 더하는 것

긍정적인 변화와 발전은 매일 작은 변화를 한 가지씩 더하는 것에서 시작된다. 내 안에서 일어나는 일을 먼저 바꾸지 않으면, 내 주변에서 일어나는 일을 바꿀 수 없다. 생각하는 방식, 행동하는 방식, 다른 사람을 대하는 방식, 자신을 대하는 방식을 바꾸고, 삶에 반응react하는 대신 대응respond하기 시작하면 삶은 더 긍정적인 방식으로 답하기 시작한다.

긍정적인 삶의 태도와 확고한 직업 윤리를 갖고자 한다면 생활 방식, 영업 경력, 비즈니스, 인간관계 등을 개선해야 한다. 특별한 자산을 갖기 원한다면 자신의 부정적인 면을 긍정적으로 바꿔라. 내일 눈에 띄는 결과를 만들어 내기 위해 오늘부터 시작할 수 있는 작은 변화는 무엇인지 스스로 끊임없이 물어보라. 당장 출근길 차 안에서부터 시작할 수 있다. 고속도로에서 옆 차가 시속 20~30km로 가다 서다를 반복하고 있다면, 옆 차에 타고 있는 사람에게 미소를 짓거나 엄지손가락을 들어 보이거나 손을 흔들어라. 당신을 이상하다고 생각하는 사람들도 있겠지만, 즐거운 제스처를 보내면 당신도 기분이 좋아질 것이다. 출근길에 만나는 모든 사람에게 "안녕하세요!"라고 쾌활하게 인사를 건네면 어떻겠는가? 집에 와서 소파에 쓰러지는 대신 배우자와 자녀를 꼭 안아 주면 어떻겠는가? 다른 사람을 행복하게 만드는 작은 일부터 시작하면 그 작은 일들이 모여 다른 사람과 자신을 위한 큰일이 될 것이다.

협력, 모두를 진정한 성공으로 이끄는 힘

혼자서는 성공할 수 없다. 당신 혼자서 회사의 마케팅 계획을 마무리했을 수도, 매출 예측을 완료했을 수도, 내년의 사업 계획서를 작성했을 수도 있다. 그러나 이러한 프로젝트가 진행되는 동안 당신이 방해받지 않도록 도와주고 보이지 않게 지원해 준 주변 사람들의 노력이 있었을 것이다. 결국 당신을 지원해 준 팀이 없었다면 당신은 지금의 자리에 있지 못했을 것이다. 혼자서는 절대로 성공할 수 없다. 그러니 주변 사람들에게 감사하라. 직원, 가족, 친구 등 당신을 도와주는 사람들에게 감사하고 그들이 당신에게 얼마나 중요한지 알려 주어라. 감사의 표현이나 선물은 고마움을 나타내는 데 큰 도움이 된다. '목표를 이루기 위해 노력하면서, 주변 사람들을 위해 추가적으로 이러한 노력을 하는 일이 중요할까?'라고 묻는다면, 나는 중요하다고 대답할 것이다.

배움, 앞서 경험하고 성취한 사람에게 배우기

목표를 향해 나아가기로 했다면 일단 출발하라! 새로운 항로를 따라 항해를 시작하라. 주변에서 불어올 바람, 장애물, 앞길을 가로막는 부정적인 요소들은 걱정하지 마라. 다른 사람들이 하는 말도 걱정하지 마라. 그저 자신의 항로에만 전념하라. 가야 할 길을 알고 어디로 향하고 있는지 안다면, 사나운 바람도 내가 추구하는 꿈과 목표를 향해 나아가는 데 도움이 된다. 목표는 폭풍우가 몰아치는 날씨를 이겨 내고 앞으로 나아갈 수 있도록 해 준다.

오늘날 우리 주변에는 배움을 얻을 만한 놀라운 사람들, 이미 폭풍우를 이겨 내고 정상에 오른 사람들이 있다. 그들은 아무것도 없이 시작해서 위대한 성취를 이룬 사람들이다. 그중에는 유명한 사람도 있고, 그리 유명하지 않은 사람도 있으며, 우리가 이름만 알 뿐 자세한 이야기는 모르는 사람도 있다. 그들은 일찍이 비전과 야망을 품고 자신의 꿈에 집중해 성공을 실현한 사람들이다. 성공한 사람들은 우리 주변 어디에나 있다. 성공한 사람들과 대화를 나누거나 그들의 이야기를 읽어 보라.

한 번도 가 보지 않은 곳으로 짧게 주말 여행을 떠난다고 가정하자. 그곳에 가 본 사람에게 거기까지 가는 가장 좋은 방법은 무엇인지, 무엇을 가져가야 하는지, 어떤 위험을 피해야 하는지 등을 물어보고 싶지 않은가? 그곳에 가본 사람과 대화를 나누면 여행이 훨씬 더 즐거워진다. 인생도 마찬가지다. 당신이 가고자 하는 여정을 앞서간 사람들의 이야기를 듣고, 그들의 성공과 실패를 통해 무엇인가를 배우면 당신의 여정을 훨씬 더 좋은 방향으로 이끌 수 있다. 그뿐만 아니라 당신이 찾고 있던 추가적인 원동력을 얻을 수도 있다.

야망, 더 나은 세상을 만들기 위해 꾸는 꿈

미국의 정치 운동가 제시 잭슨Jesse Jackson은 어느 날, 빈민가 집회 도중에 거리의 아이들에게 "나는 특별한 사람이다."라는 말을 따라 해 달라고 요청했다. 그가 그날 아이들에게 전한 메시지는 '야망은 도덕적 의무'라는 것이었다. "좋은 사람이 되려면 야망이 있어야 하며, 삶에서 좋은 일을 하려고 노력해야 한다. 그러려면 지금 있는 곳을 벗어나거나, 지금 있는 곳을 더 나은 곳으로 만들고자 노력해야 한다. 그 외에 다른 것은 낭비다."

이는 당신에게도 적용된다. 아침에 일어나 거울 앞에 섰을 때 당신은 특별하고 중요하며 당신의 미래를 이상적으로 바꿀 수 있는 사람임을 스스로 상기하라. 이처럼 결국 우리는 진정한 동기부여의 열쇠가 바로 자신 안에 있음을 발견할 것이다. 동기를 얻고, 자극을 받고, 에너지를 불어넣기 위해 다른 곳을 찾을 필요가 없다. 올바른 지식만 있으면 스스로 동기부여하는 방법을 배울 수 있다. 진정한 동기부여의 열쇠는 바로 내 안에 있다.

THE POWER OF AMBITION

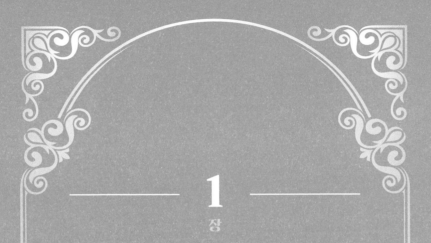

1
장

야망이란
무엇인가?

야망은 열망을
충족하는 방법이다

평론가이자 칼럼니스트인 조지프 엡스타인Joseph Epstein은
저서 《야망: 숨겨진 열정》*에서 야망을 '성취의 연료the fuel
of achievement'라고 정의하며, 모든 사람이 성취 욕구를 갖고
있다고 설명한다. 즉, 사람은 누구나 무언가를 잘하고 싶

---

*   Joseph Epstein, *Ambition: The Secret Passion*, 1980 (Chicago: Ivan R. Dee, 1989), 1.

고, 성공한 인생을 살고 싶고, 더 나은 사람이 되고 싶고, 원하는 바를 이루고 싶은 욕구가 있다는 것이다.

성취란 발전을 의미하며, 그러기 위해서는 동기와 자극을 얻고 야심 찬 포부를 지녀야 한다. 그리고 긍정적인 야망을 만들어 내는 꿈과 목표가 있어야 한다. 야망은 성취하고자 하는 '간절한 열망'이다. 예를 들면 인생에서 성공하려는 열망, 가족을 위해 더 많은 것을 이루려는 열망, 건강하고 부유해지며 좋은 관계를 발전시키려는 열망이 그러하다. 앞서 서문에서 원하는 것을 이루려면 간절한 열망이 필요하며, 단순한 소망이나 희망이 열망과 어떻게 다른지 설명했다. 야망은 열망을 달성하는 방법을 의미한다.

그러나 열망이 항상 야망으로 이어지진 않는다. 열망은 해로운 측면도 있고, 건전한 측면도 있기 때문이다. '시내에서 가장 높은 건물을 갖고 싶다.'라는 열망이 당신에게 있다고 하자. 열망의 파괴적 측면은 당신이 주위의 건물들을 무너뜨리도록 몰아갈 것이다. 아마 당신은 별다른 문제없이 두 번째 건물까지는 무너뜨릴 수 있을 것이다. 하지만 머지않아 누군가 당신을 저지할 것이고, 이내 당신은 사람들 사이에 건설자가 아닌 파괴자로 알려질 것이다. 반면 열망의 긍정적 측면은 당신이 꿈꾸고, 계획하고, 노력을 지속하고, 올바른 단계를 거치도록 만든다. 즉 시내에서 가장 높은 건물의 주인이 된다는 야망을 갖도록 만든다. 진정으로 그것을 원하고, 원하는 바를 이루기 위해 기술을 갖추고, 모든 어려움을 극복하는 인내심을 가진다면 야망은 우리를 원하는 곳으로 이끌 것이다. 원하는 곳에 도달하기 위해 필요한 일을 하려는 야망을 갖는 것은 바람직하다. 야망은 우리가 '긍정적인 방식'으로 표현하고자 하는 내면의 한 모습이다.

이처럼 야망은 탐욕스럽거나 이기적인 행동도, 부를 추구하는 소모적인 욕망도 아니다. 다른 사람을 희생시키며 자신이 이기기를 바라는 마음 또한 아니다. 성경 속 유다를 예로 들어 보자. 유다는 당시 거금이었던 은 30세겔을 얻는 대가로 예수를 배반했다. 큰돈을 가졌으니 그는 성공한 것인가? 아니다. 유다는 신념을 버렸다. 모든 일이 끝나고 그는 행복했는가? 아니다. 돈을 얻기 위해 그가 저지른 행동은 그를 전혀 행복하게 해 주지 않았다. 부를 좇던 유다는 그로 인해 스스로 목숨을 끊었다. 그를 움직인 것은 야망이 아니었다. 야망은 탐욕이 아니다. 야망은 창조적이며 건설적으로 자신을 표현하는 방식이다.

야망은 꿈을 향한
의미 부여이다

다음의 질문에 대해 생각하고 스스로를 성찰해 보자.

- 당신이 아침 일찍부터 밤늦게까지 하루 종일 열심히 일하는 이유는 무엇인가?
- 당신은 무엇에 영감을 받는가?
- 당신이 훌륭한 성과를 이루려는 이유는 무엇인가?

- 당신이 추구하는 목표의 핵심은 무엇인가?
- 당신의 야망을 뒷받침하는 원동력은 무엇인가?

당신은 분명 큰일을 성취하려는 꿈이 있을 것이다. 당신은 꿈을 실현할 만큼 원대한 야망을 품고 있는가? 당신의 꿈은 당신을 미래로 이끌 만큼 확고한가? 당신의 꿈은 지금 결과를 내다볼 수 있을 만큼 생생한가? 당신의 꿈은 그것을 이룰 때까지 추구할 만한 가치가 있는가? 당신이 그러한 꿈을 꾸는 이유는 무엇인가? 스스로를 조금만 성찰해 본다면 왜 꿈을 이뤄야 하는지에 대한 타당한 이유를 여러 가지 생각해 낼 수 있을 것이다. 거기엔 특별한 개인적 이유가 있을 수 있다. 어떤 사람들은 인정받기 위해, 혹은 승자가 된 기분을 느끼기 위해 훌륭한 성과를 이뤄 낸다. 이것은 타당한 이유 중 하나다. 반면, 어떤 사람들은 다른 사람을 위해 뛰어난 성과를 이뤄 낸다. 그것 또한 강력한 이유 중 하나다. 사람들은 스스로를 위해서는 하지 않을 일을 다른 사람을 위해 하기도 한다. 그중 가족은 무언가를 잘하려는 또 다른 이유, 즉 동기 요인이다.

심각한 재정난을 극복한 한 여성이 있었다. 남은 재산이 거의 없었던 그녀는 추가 근무도 마다하지 않고 일에 매달렸다. 그녀가 그렇게까지 일할 수 있었던 동기 요인은 많은 비용이 드는 국내 최고의 사립학교에 딸을 보냄으로써 양질의 교육을 제공하기 위함이었다. 이렇듯 다른 사람을 위해 무언가를 하고자 하는 바람은 여러 가지 다른 성취로 이어진다.

야망은 '현명한 이기심'을 발휘하는 것이다

우리는 야망을 품는 것이 자신의 이익과 보호를 위해 가장 좋은 방법임을 확인했다. 인간으로서 우리는 자기 보호에 관심을 가질 수밖에 없으며 이기적일 수밖에 없다. 보존에 대한 관심, 개발에 대한 관심, 성공에 대한 관심, 이것은 우리가 지닌 가장 강력한 욕구 중 하나이다. 이기심은 잘못된 것이 아니다. 중요한 것은 무엇이 진정으로 우리에게 도움이 되는지 이해하여 '현명한 이기심'을 발휘해야 한다는 점이다.

현명한 이기심에서 말하는 '이기심'은 자기 이익만을 꾀한다는 뜻이 아니다. 다른 사람을 희생시키는 것이 아니라 다른 사람에게 봉사함으로써 이익을 얻고자 하는 마음이다. 타인을 희생시키는 이기심은 탐욕스럽고 사악한 마음으로 이어져 자신은 성공하지만 타인은 실패하기를 바라고, 자신은 이득을 얻지만 타인은 손해 보기를 바라게 된다. '내가 이기고, 당신이 진다.'라는 사고방식은 인간 본성의 어두운 측면을 일깨우기 시작해 타인을 희생시켜 이익을 얻으려는 바람을 갖게 만든다. 이것은 있어서는 안 될 일이다.

한 친구가 석 달마다 자신에게 연락하는 어떤 남자에

대해 이야기해 주었다. 그 남자는 노숙인 가족에게 식료품을 지원하기 위해 전화로 모금 활동을 했다. 내 친구는 기꺼이 돈을 기부했다. 친구는 잠시 노숙 생활을 한 적이 있어 노숙인 가족이 처한 상황을 잘 알고 있었기 때문이다. 그런데 알고 보니 남자는 파산한 뒤 여관에서 지내며 건설 현장 막노동을 비롯해 닥치는 대로 일자리를 구하고 있었다. 그럼에도 그는 매일 밤 두세 시간을 기부하는 데 할애했다. 대부분의 사람들은 그에게 "매일 밤 전화할 시간에 투잡이나 쓰리잡을 뛰지."라고 말했다. 하지만 그는 자신보다 더 불우한 사람들을 돕는 것이 중요하다고 믿었다.

어느 날 내 친구는 큰 주택에서 혼자 지내는 동료와 이야기를 나누게 되었다. 동료는 정기적으로 주택 관리를 도와주고 증축 업무를 맡아 줄 사람을 구하고 있었다. 내 친구는 동료에게 이 남자에 대해 이야기했다. 내 친구의 설명을 들은 동료는 남자를 고용했다. 그가 고용된 이유는 단 하나, 자신도 빈털터리인 상황에서 봉사에 헌신하는 모습이 동료에게 감동을 주었기 때문이다. 다른 사람에 대한 봉사의 결과였다.

이후 그는 부유해지지는 않았지만 내 친구의 인맥을 통해 꾸준히 일을 얻었으며 자기 집도 장만했다. 그는 여전히 노숙인에게 식료품을 지원하기 위해 모금에 참여해 달라는 전화를 걸고 있다. 얼마나 훌륭한 성품을 지닌 사람인가!

현명한 이기심은 부로 이어지는 반면 자기 보호는 빈곤으로 이어진다. 대부분의 사람들은 이렇게 말할 것이다. "나는 다른 사람까지 신경 쓸 겨를이 없어. 내게 집중해야 한다고.", "나는 다른 사람의 청구서까지 신경 쓸 겨를이 없어. 내 청구서를 걱정하기도 벅차다고." 이 사람들은 평생 자신만을 걱정하며 살아야 할 것이다. 그것을 떨쳐 내는 가장 좋은 방법은 다른 곳으로 관심을 돌리는 것이다. 이 사실을 깨닫고 난 뒤 내 인생은 완전히 바뀌었다.

사람들은 모두 먹고 살 방법을 궁리한다. 하지만 일찍이 내가 흥미롭게 여긴 것은 큰돈을 버는 방법을 찾는 것이었다. 아마 당신은 나에게 "어떻게 하면 큰돈을 벌 수 있나요?"라고 물을 것이다. 방법은 쉽다. 바로 봉사를 통해 부를 일구는 것이다. 평소 사람들에게 도움을 제공하고 봉사한다면 사람들은 당신이 믿지 못할 일을 해 줄 것이다. 당신이 누구에게나 줄 수 있는 가장 좋은 선물은 바로 관심이다. 당신이 관심을 가지면 그들은 보답으로 당신의 커리어에 도움이 되는 특별한 일을 해 줄 것이며, 당신 혼자서는 만날 수 없는 많은 사람들과 당신을 이어 줄 것이다.

성공한 인생을 살고 싶다면 자신에게만 집중하는 것을 멈춰야 한다. 다른 사람에게 관심을 돌리고 다른 사람을 위한 봉사에 투자하라. 현명한 이기심에 따라 행동하라. 현명한 이기심, 즉 야망은 베풂을 통해 더 많은 것을 받고, 적극적으로 원하는 것을 찾아 나섬으로써 필요한 것을 얻으며, 모든 사람이 승리하도록 만드는 것이다.

야망은 최선을 다하는 것이다

오래전 아버지는 내게 이렇게 가르치셨다. "아들아, 항상 받는 것보다 더 많은 일을 하거라." 나는 내 이기심에 따라 언제나 받은 것보다 더 많은 일을 하며 아버지의 가르침을 실천했다. 그러한 노력은 내게 결실을 가져다주었다.

만약 파격적인 승진을 원할 경우, 상사에게 가서 "저를 승진시켜 주십시오. 그렇게 해 주시면 더 열심히 일하겠습니다."라고 말하면 될까? 아니다. 승진은 그렇게 이루어지지 않는다. 당신은 현재 직위에서 더 많은 일을 해냄으로써 사람들에게 주목받고 두드러진 성과를 내야 한다. 그래서 상사가 이렇게 말하도록 만들어야 한다. "지금 엄청난 성과가 보장된 어떤 자리가 있는데, 평소 기대 이상의 성과를 내는 자네에게 그 자리를 맡겨야 할 것 같네!" 이렇듯 당신은 받는 것보다 더 많은 일을 해야 한다. 그것은 미래에 대한 투자다. 만약 당신이 무언가를 판매한다면 고객과 연락을 지속하고, 고객이 당신을 찾기 전에 먼저 전화하고, 감사 편지를 보내고, 고객을 위해 봉사하라. 이는 또 다른 판매로 이어질 것이다. 그들은 당신이 혼자서는 지나갈 수 없는 문을 열어 줄 것이다.

삶은 우리에게 꼭 필요한 것이 아니라 '받을 만한 것'을 주기 마련이다. 사람들은 필요한 대로 거두기를 바라지만 현실은 그렇지 않다. 오랜 옛날부터 변함없이 이어진 법칙은 '뿌린 대로 거두는 것'이다. 어떤 사람들은 "나는 반드시 (원하는 결과를) 수확해야 해."라고 말한다. 그렇다면 반드시 씨앗을 심는 야망을 품어야 한다. 우리는 반드시 씨앗을 심는 법, 특히 모두가 수확할 수 있도록 씨앗을 심는 법을 배워야 한다. 삶은 필요에 응하지 않기 때문이다. 더불어 의지와 기술을 갖추어야 한다. 배우려는 의지, 변화하려는 의지, 성장하려는 의지, 노력하려는 의지, 궂은 날씨를 견디려는 의지, 잡초를 뽑으려는 의지, 작물을 키우고 보살피려는 의지 말이다. 이것이 수확을 얻는 유일한 방법이다.

무언가를 얻고 싶다면 그것을 찾아야 한다. 찾는 것을

얻기 위해서는 그와 관련된 수업을 듣고 훈련을 받아야 한다. 원하는 것을 찾아 나설 때 아이디어, 영감, 희망, 인맥 등을 얻기 때문이다. 삶은 필요로 하는 사람이 아닌 받을 자격이 있는 사람을 위해 보물을 남겨 둔다.

야망은 규율로 지속된다

우리는 행동하는 것을 선택하고 끝까지 실행하는 '규율'을 갖추어야 한다. 한 가지 규율은 다른 규율에 영향을 미치며 모든 규율은 서로 영향을 주고받는다. "모든 것은 다른 모든 것에 영향을 미친다."라는 명언대로다. 다른 것과 무관하게 홀로 존재하는 것은 없다. "이건 중요하지 않아."라고 순진하게 생각하지 마라. 더 중요하고 덜 중요한 것이 있을 수 있지만, 결국 모든 것이 중요하다.

동네를 산책하는 것보다 늦잠 자는 것을 택한다면 결국

건강과 재산에 문제가 생길 것이다. 돈을 저축하는 것보다 소비하는 것을 택한다면 긴급한 일이 생겼을 때 쓸 돈이 없어 문제가 생길 것이다. 오랜 친구에게 편지 쓰는 것을 미룬다면 친구 관계에 문제가 생길 것이다. 집에 들어가 가족과 시간을 보내는 것보다 매일 밤 야근하는 것을 택한다면 가족과의 관계에 중요한 문제가 생길 것이다. 모든 나태함은 나머지 부분에 영향을 미친다. 운동을 위해 동네한 바퀴도 걷지 않는다면 건강한 식사를 하지 않을 것이고, 일을 배우기 위해 필요한 책도 사지 않을 것이다. 세미나에 참석하지도 않을 것이며, 돈을 현명하게 쓰지도 않을 것이다. 그렇게 몇 년이 지나면 이 모든 것이 결국 비생산적인 삶을 초래할 것이다. 이러한 과정을 되돌리는 열쇠는 '자기 규율'이다. (중요한 주제인 '자기 규율'에 대해서는 4장에서 자세히 살펴볼 것이다.)

새로운 규율은 나머지 부분에 영향을 미치고 변화를 일으킨다. 행동이 그토록 중요한 것은 바로 이 때문이다. 아주 사소한 행동, 가장 덜 중요해 보이는 행동, 당신이 중요하지 않다고 생각하는 행동, 이러한 모든 행동이 중요하다. 이 조언을 명심해야 한다. 무언가를 성취해 그 대가가 돌아오기 시작하면 다음 행동, 그다음 행동, 또 그다음 행동으로 이어질 영감을 얻을 수 있다.

동네 한 바퀴를 걷기 시작하면 건강한 식사를 하려는 마음이 생길 것이다. 건강한 식사를 하면 책을 읽으려는 마음이 생길 것이고, 책을 읽으면 일기장에 목표를 적고 싶어질 것이며, 일기를 쓰면 목표 달성을 위한 역량을 개발하고 싶을 것이다. 규율은 서로 영향을 주고받는다. 규율의 부재는 삶에 영향을 미친다. 따라서 핵심은 규율의 부재를 줄이고 삶의 자원을 늘리는 것이다.

우리가 겪는 가장 큰 유혹 중 하나는 할 수 있는 최선을 다하지 않고 적당히 노력하며 쉬어 가려는 함정에 빠지는 것이다. 그렇게 해도 별 차이가 없을 것이라고 생각하겠지만 그렇지 않다. 최선을 다하지 않는 것은 우리의 의식, 태도, 가정생활을 비롯해 모든 부분에 영향을 미친다. 조금이라도 노력을 늦춰서는 안 된다. 느긋한 여유는 휴가 때 즐기는 것이다. 업무 중에는 일을 하고 휴가 중에는 쉬어야 한다. 어디에 있든 지금 내가 있는 곳에 집중해야 한다. 따라서 규율을 지키고, 그 순간에 집중하며, 맡은 일을 해내는 데 모든 노력을 다해야 한다. 건강을 증진하고, 은행 계좌를 관리하고, 가족과 돈독한 관계를 형성하고, 규율을 세워 매일 지켜야 한다.

규율을 세워 삶의 체계를 확립하면 기적이 일어날 수 있다. 나는 25세에 파산으로 빈털터리가 되었다가 31세에 백만장자가 되었다. 나를 둘러싼 모든 것은 변함없이 그대로였지만 나는 바뀌었다. 삶의 철학을 정립하고, 책을 읽고, 강의를 듣고, 삶을 다르게 바라보기 시작했다. 그리고 장담컨대, 그것은 정말 효과가 있다!

야망을 키우는
여섯 가지 원칙

이제부터 본격적으로 야망의 힘을 이용해 당신의 삶을 뒤바꿀 방법에 대해 설명할 것이다. 야망의 힘은 여섯 가지 원칙에 기초한다.

- **자기 주도**Self-direction

  내가 어떤 사람이며 어디로 가고 싶은지 알고 있다. 지식을 쌓고 다가오는 기회를 대비한다.

- **자립심**Self-reliance

  내 삶과 내게 일어나는 일에 책임을 진다. 현재 내 삶에 영향을 미치는 의식적 결정을 스스로 내렸음을 알고 있으며, 인생에서 일어나는 일들이 내 행동의 직접적인 결과물임을 이해한다.

- **자기 규율** Self-discipline

한 번에 한 걸음씩, 한 번에 하루씩, 한 번에 한 행동씩 목표에 도달할 수 있음을 이해하고 매일의 목표를 달성하기 위해 필요한 모든 것을 실천한다.

- **진취성** Self-enterprise

지속적으로 기회를 창출하고 활용한다. 기회를 포착할 만큼 상황을 제대로 인식하며, 기회를 효과적으로 활용할 만큼 능숙한 역량을 갖추고 있다.

- **협력** Working with others

우리는 모두를 이롭게 하기 위해 자신을 더욱 강하게 만들어야 한다. 우리는 다른 사람을 위해 성공해야 하며 진정한 성공을 이루기 위해 우리가 지닌 기술, 자기 주도성, 자립심, 진취성을 동원해야 한다.

- **자기 인정** Self-appreciation

자신의 성취를 높이 평가한다. 자신의 잠재력을 인식하고, 계획한 모든 일을 매일 완수할 수 있다는 걸 확신하며, 자신의 진가를 인정하여 야망을 고취한다.

각각의 원칙들이 제대로 작동하면 인생에서 더 많은 것을 얻으려는 열망, 부와 번영을 이루려는 열망, 가족과 즐거운 생활을 누리려는 열망, 더 성공적인 사업을 일구려는 열망, 즉 당신의 간절한 열망이 성장할 것이다.

THE POWER OF AMBITION

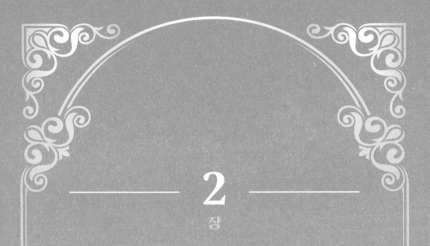

2
장

[야망을 키우는 원칙 1: 자기 주도]
자기 주도적으로
삶을 기획하라

가치 있는 삶이란,
삶의 주인이 되는 것이다

야망은 성취의 연료이며, 성취는 가장 강력하고 분명한 자기표현임을 앞서 이야기했다. 성취가 자기표현에 바탕을 둔다면 야망을 찾을 수 있는 곳은 단 하나, 바로 자신의 내면뿐이다. 자신의 모든 생각, 행동, 동기에서 야망이 비롯된다. 즉, 자기표현은 생각하고 행동하고 스스로 동기를 부여하는 방식인 '자기 주도'에서 비롯된다. 야망은 긍정적인 자기 주도의 결과이며, 자기 주도는 야망을 키우는 여섯 가지 원칙 중 하나이다.

긍정적으로 자신의 인생을 주도하는 사람은 이렇게 말한다. "나는 내가 어떤 사람인지, 어디로 가고 싶은지 알고있어. 나는 예고 없이 찾아올 기회에 대비해 지식과 경험을 쌓고, 다양한 감정을 느끼고, 삶의 철학을 세우고 있어."

당신은 자신이 어떤 사람인지, 어디로 가고 싶은지 알아야 한다. 그것에 대해 오랜 시간을 들여 고민해야 한다. 태도, 건강, 시간 관리, 역량 등 스스로를 더 나은 사람으로 만들어 줄 특성을 발전시키기 위해 노력해야 한다. 원하는 곳에 도달한 자신의 모습을 끊임없이 그려야 한다. 당신은 다음 질문에 대해 얼마나 자주 생각하는가?

- 지금 내가 하고 있는 일이 미래의 내가 되고 싶은 모습에 가까워지게 만드는가?
- 날마다 필요한 사항을 조정하고 있는가?
- 필요한 모든 일을 하고 있는가?
- 방향이 목적지를 결정할 때까지 지금 하고 있는 일을 지속

할 것인가?

- 현재 지키고 있는 규율이 내가 원하는 곳으로 나를 데려가고 있는가?

이것은 월초, 주초 그리고 매일 아침 생각해야 할 중요한 질문이다. 애초에 그쪽으로 가지도 않았으면서 좋은 목적지에 도달하는 행운을 바라선 안 된다. 우리는 책임을 져야 한다. "가고 싶은 방향으로 나아가기 위해 규율을 지키고 있는가?"라고 스스로 자주 물어야 한다. 전혀 가망이 없음에도 불구하고 경제적 성공을 향해 나아가고 있다고 착각하지 마라. 누군가 당신을 책임지고, 돌봐 줄 거라고 착각하지 마라. 그들은 당신을 책임지지도, 돌봐 주지도 않을 것이다. 책임은 온전히 당신의 몫이다. 다른 사람들이 당신을 위해 무엇을 계획했을까? 아무 계획도 하지 않았을 것이다. 당신만의 계획을 세우지 않는다면 다른 사람의 계획에 맞추게 된다. 대부분의 사람이 운전하고 싶지 않은 차를 운전하고, 살고 싶지 않은 곳에 살며, 하고 싶지 않은 일을 한다. 그들에게 별다른 희망도, 별다른 약속도, 별다른 진전도 없는 이유는 이 때문이다. 별 볼일 없는 사람이 되지 않기 위해 다음 질문들을 생각해 보자.

- 이것은 내가 원하는 삶의 방향인가?
- 이것은 다른 사람이 제시한 삶의 방향이 아닐까?
- 이것은 내가 어린 시절부터 매달려 온 목표인가?
- 이것은 부모님, 배우자, 상사 혹은 자녀의 목표는 아닌가?
- 이것은 내 목표인가?

스스로 묻고 깊이 생각하라. 그리고 이 책에서 제시하는 모든 아이디어를 살펴본 후, 당신에게 무엇이 효과적이고 무엇이 효과적이지 않은지 검토하라. 가장 중요한 것은 당신의 내면에서 깊이 숙고한 뒤 "내가 하고 있는 일이 효과적인가, 효과적이지 않은가?"를 묻는 것이다. 모든 것을 고려하자. 당신에게 가장 적합한 방향을 찾기 위해 충분히 생각하고 정리하자. 그리고 당신의 방향을 결정하자.

뼈대 있는 중·상류층 의사 집안 출신인 내 친구 이야기를 해 볼까 한다. 그녀는 대학 시절, 용돈 벌이를 위해 난생처음 신문 구인 공고를 보게 됐다. 그중 월급 900달러를 주는 곳이 가장 좋은 일자리였는데, 그마저도 특정한 자격을 갖춰야만 일을 할 수 있었다. 그녀는 깜짝 놀랄 수밖에 없었다. 별다른 자격이 없는 일반적인 사람들의 월급이 최소 3,000달러는 된다고 생각했기 때문이다. 보통 사람이 생계를 위해 얼마나 버는지 전혀 모르고 현실과 동떨어진 채 살았다는 것은 그녀에게 엄청난 충격을 안겨 주었다.

사실 그녀는 부족함 없이 모든 것을 누리며 살아왔으나, 식품이 어떻게 슈퍼마켓으로 들어가는지 자동차가 어떻게 만들어지는지 돈이 어떻게 은행으로 들어가는지 전혀 알지 못했다. 그녀는 다른 세상의 일을 몰랐다. 의사가 되는 것 외에 그런 주제들은 저녁 식탁에서 결코 논의되지 않았기 때문이다.

그녀는 자신에게 묻기 시작했다. '평균 수입에 대한 내

판단이 현실과 이렇게나 동떨어졌다면, 인생의 다른 판단에서도 크게 빗나가지 않았을까?', '의사가 되는 것 이외에도 더 많은 인생의 선택지가 있지 않을까?' 이내 그녀는 부유한 집안과 높은 성적에도 불구하고 자신이 행복하지 않았던 이유를 깨달았다. 의사가 되고자 하는 목표가 사실은 자신이 아닌 부모의 목표였다는 사실이었다. 그 무렵 그녀는 전문가의 도움을 받아 자신이 가진 식이 장애가 음식과 관련이 없다는 사실 또한 알게 되었다. 그것은 통제, 즉 그녀에게 다른 사람의 방향을 강요한 것과 관련된 문제였다.

이후 그녀는 비록 가족에게 비난을 받긴 했지만, 자신이 원하는 길을 따르며 훨씬 행복하게 지낸다. 이렇듯 삶의 방향은 자신이 직접 정해야 한다. 그렇지 않으면 결국 자신의 영혼, 마음, 심지어 건강까지 해칠 수 있다.

나다운 삶을 만드는
두 가지 요소

긍정적인 자기 주도는 두 부분으로 이루어진다. 바로 자기 인식과 자기 준비다.

자기 인식

자기 인식은 자신이 어떤 사람인지, 인생에서 무엇을 하고 싶은지, 자기 자신에 대해 어떻게 느끼는지 아는 것이다. 자기 인식은 삶의 철학과 많은 관련이 있다. 삶의 철학은 태도를 형성하는 데 큰 영향을 미친다. 즉 자기 자신, 삶, 자신이 추구하는 방향, 주변 사람들에 대해 어떻게 생각하는지를 결정짓는 것이다. 자신에게 무엇이 적합한지 알기 위해서는 충분한 지식과 정보를 모아야 한다. 그렇다면 어떻게 정보를 모을 수 있을까?

첫째, 자신의 경험에서 시작하는 것이다. 무언가가 자신에게 올바른 방식으로 작용하는지 확인하는 가장 좋은 방법은 그것을 잘못된 방식으로 해 보는 것이다. 하지만 잘못된 방식을 계속해서는 안 된다. 자신에게 적합한 지식을 찾아 삶에 적용하라.

둘째, 타인의 경험을 통해 자신만의 태도와 삶의 철학을 발전시키는 것이다. 타인에게 수집한 정보를 정리하고 검토하고 논의하고 분해하고 뒤집어라. 자기 관점에서 살펴보고 자신에게 맞도록 다듬고 재조정하고 자신과 맞지 않다고 생각되는 건 제외하라. 자신에게 적합하다고 생각하는 것만 유지하라.

이 두 가지 방법에서 공통적으로 중요한 것은 자신이 하는 일이 '스스로가 내린 결론의 산물'이어야 한다는 점이다. 우리는 자신이 쌓는 지식을 통해 자기 인식을 정립해야 한다.

자기 준비

자기 준비는 인생에 기회가 찾아올 때 그 기회를 맞이할 준비가 되었음을 의미한다. 큰돈을 벌게 해 줄 영업 상담 요청에 대한 준비, 커리어에 긍정적인 영향을 미칠 미팅에 대한 준비 등 기회가 올 것을 예상하고 준비하는 것이다.

9개월 뒤 아기가 태어난다는 사실을 알게 되었을 때 당신은 무엇을 하겠는가? 아기의 탄생을 맞이할 준비를 시작할 것이다. 아기를 돌보는 방법에 대한 책을 읽고, 온갖 아기 용품을 마련하고, 아기가 있는 친구나 친척에게 궁금한 사항을 물어볼 것이다. 가능한 한 최선을 다해 양육 방식을 정하고, 생활 방식의 큰 변화를 준비하고, 자신이 져야 하는 경제적 의무에 대비할 것이다.

자신의 인생을 위한 준비 또한 마찬가지다. 목표를 정하고, 계획을 세우고, 충분한 헌신과 노력이 이루어질 때 목표를 달성할 수 있다. 처음 몇 년은 힘들겠지만 희생할 만한 가치가 충분하다는 것을 당신은 알아야 한다. 따라서 그동안 준비를 해야 한다.

어떤 사람들은 이렇게 말할 것이다. "대규모 조직을 이끈다면 나는 정말 온 힘을 다해 내가 지닌 역량과 전문성을 발휘해 조직을 관리할 거야. 하지만 지금은 소수의 인원밖에 없으니 어떻게 시작해야 할지 모르겠어." 이것은 말도 안 되는 소리다. 인원이 적은 경우에도 자신의 역량과 전문성을 발휘해 지금 있는 곳에서 시작할 수 있다. 직원 혹은 팀원이 적고, 회사 규모가 작다면 지금이야말로 커뮤니케이션 능력을 키우고, 더 많은 직원을 이끌 힘을 기를 때다. 그러면 인원이 많아졌을 때 원활하게 자신의 능력을 펼칠 수 있다. 소수의 사람에게 충실해야 한다. 소수의 인원일 때에도 당신은 스스로 세운 규율을 지켜야 한다. 이는 후에 당신에게 최고의 기회를 가져다 줄 것이다.

이것은 돈에도 적용된다. "내가 재산이 많다면 정말 잘 관리할 수 있는데… 하지만 지금 나는 이 월급이 전부야. 저축하기도 벅차다고." 당신은 이런 말을 듣거나 혹은 직접 해 본 적이 있을 것이다. 긍정적인 자기 주도를 갖춘 사람은 적은 돈 관리가 곧 큰돈의 관리로 이어진다는 사실을 알고 있다.

정리하자면, 긍정적인 자기 주도는 자신이 어떤 사람인지, 인생에서 무엇을 하고 싶은지 알고 있는 '자기 인식'과 기회가 찾아오기 전에 그 기회를 맞이할 준비가 되어 있는 '자기 준비'로 이루어진다. 긍정적인 자기 주도를 갖추기 위해서는 두 가지 측면이 모두 필요하다. 우리는 자신이 어떤 사람이며 무엇을 원하는지 이해하고, 목표에 도달할 때를 준비해야 한다. 즉 준비된 사람, 가치 있는 사람, 원하는 것을 추구하는 데 필요한 사람이 되어야 한다. 기회를 잡을 준비가 되어 있지 않다면 기회가 무슨 소용이 있겠는가? 아무 소용도 없다.

목표는 정해진 답이 아닌 끝없는 질문이다

자기 인식에 대해 더 이야기해 보자. 일단 자신의 커리어와 관련된 가장 중요한 장기 목표 세 가지를 빠르게 적어 보자. 너무 오래 생각하지 말고 바로 적어라. 그것은 신규 고객 확보일 수도, 성사시키기 위해 노력했던 중요한 계약일 수도, 승진일 수도 있다.

이번엔 자신의 개인적 삶에 영향을 미칠 세 가지 목표를 빠르게 적어 보자. 아이들과 좋은 시간을 더 많이 보내는 것일 수도, 연인과 더 자주 데이트하는 것일 수도, 필요했던 가족 휴가 계획을 세우는 것일 수도 있다. 어떤 목표든 상관없으니 그냥 빠르게 적어 보자.

이제 이러한 목표를 달성했을 때 나의 모습을 마음속에 그려 보자. 대형 고객을 확보한다면 나의 미래는 어떻게 될까? 승진한다면, 연인 혹은 가족과 더 많은 시간을 보낸다면 나의 미래는 어떤 모습일까? 그리고 스스로 물어보자.

- 이것이 정말 내 목표인가?
- 이것이 진정 내가 원하는 것인가?
- 이것은 긍정적인 목표인가?
- 이것은 그만한 가치가 있는가?

커리어 측면의 세 가지 목표와 개인 측면의 세 가지 목표가 위의 질문에 부합하지 않는다면 목표를 신중하게 다시 작성하자. 자신의 목표가 어디에서 비롯되었는지, 자신에게 정말 중요한 것이 무엇인지, 목표를 이루기 위해 얼마나 열심히 노력할 것인지 다시 생각해 보자.

만약 자신이 추구하던 삶과 목표가 자신의 것이 아님을 깨달았다면, 내 의사 친구가 그랬듯이 그것을 바꿀 수 있다. 변화는 하룻밤 사이에 이루어지지 않지만, 삶의 방향은 즉시 바꿀 수 있다. 새로운 목표는 하루아침에 다가와 우리를 사로잡고 진로를 바꿀 추진력과 야망, 원동력을 준다. 그러나 하룻밤 사이에 최종 목적지에 도달할 수는 없기에, 목표를 달성하기 위한 '계획'을 세우고 '인내심'을 가져야 한다.

당신에게 새로운 회사를 창업할 훌륭한 아이디어가 있다고 하자. 가장 먼저 할 일은 무엇인가? 사업 계획과 마케팅 계획을 수립하고 추정 재무제표를 작성하는 것이다. 적절한 단계를 거쳐 사업을 키워야 하며, 투자를 통해 수익을 거둘 때까지 인내심을 갖고 기다려야 한다. 이렇게 꾸준히 하다 보면, 몇 년 뒤 완전히 새로운 목적지에 도달할 수 있는 절호의 기회가 온다. 다시 한번 말하지만, 내일 당장 새로운 목적지에 도달할 수는 없다. 하지만 필요한 규율을 따르고 준비한다면, 당신이 원하는 목적지에 도달할 수 있다.

새로운 목표를 설정하는 건 아주 멋진 일이다. 과감히 도전하고, 미래에 대해 더 나은 비전을 세우고, 그것을 달성하고, 자신이 어떻게 변화할지 확인하는 것은 정말 대단한 일이다. 삶에서 최고의 가치는 '무엇을 얻는가what you get' 가 아니라 '어떤 사람이 되는가what you become'이기 때문이다.

단, 목표를 설정할 때 주의해야 할 두 가지가 있다. 첫 번째는 목표를 너무 낮게 설정해선 안 된다는 것이다. 리더십에서 가르치는 흥미로운 주제가 있다. 바로 쉬운 집단에 참여하지 말라는 것이다. 그렇게 하면 성장하지 못하기 때문이다. 기대치가 높은 곳, 요구 수준이 높은 곳으로 가야 한다. 성과, 성장, 변화, 발전, 독서, 학습, 기술 개발에 대한 압박이 있는 곳으로 가라.

두 번째는 쉽게 타협하거나 신념을 버리지 말라는 것이다. "대가를 계산하라."라는 격언이 있다. 무언가를 얻고 행복해지지 않는다면, 무언가를 추구하면서 마이너스가 된다면, 무언가를 얻은 후 삶이 그만한 가치가 없다면 그것은 추구할 가치가 없다.

준비에도 단계와 순서가 있다

목표를 설정했다면, 그 목표를 어떻게 이뤄 나갈지가 중요하다. 이는 앞서 말한 자기 준비와 연결된다. 자기 준비는 두 가지 이점이 있다. 첫째, 목표를 향해 나아가도록 해 준다. 자기 준비를 하는 사람은 이미 목표를 염두에 두고 있으며, 가고 싶은 곳이 어디인지 알고 있다. 그것을 위해 해야 할 일을 모두 하고, 필요한 것을 준비함으로써 목표에 더 가까워진다. 이것이 자기 준비가 작동하는 방식이다. 둘째, 자기 준비는 야망에 연료를 채워 준다. 자기 준비를 하는 사람은 자신이 매일 목표에 가까워지고 있음을 안다. 오늘 하는 일이 내일을 위한 준비임을 안다. 즉, 행동이 야망을 재충전한다. 그렇기에 우리는 적극적으로 움직이며 계속 나아가야 한다. 야망이 연료를 공급하고 동기를 부여해 우리를 각자가 원하는 곳으로 데려갈 수 있도록 말이다.

이러한 자기 준비는 세 단계로 이루어진다. 이는 목표에 가까이 있든 목표를 위한 여정을 막 시작했든 모두 효과적이다.

① 자신이 보유한 자원을 고려한다

목표 달성을 위한 다음 기회가 어디에서 생길지 신중히 생각하라. 앞으로 나아가게 해 줄 다음 기회가 어디에서 나타날지 모른다면 이렇게 해 보자. 앞서 적은 주요 목표들을 새로운 종이에 하나씩 적는다. 그다음 해당 목표의 달성 기회를 찾을 수 있는 곳, 즉 자원을 모두 적는다. 그리

고 다음 질문을 생각하며 나열한 자원을 분류한다. '이 자
원이 확실한가?', '가능성이 높은가, 낮은가, 반반인가?'

② 해야 할 일의 순서를 정한다

기회에 대비하기 위해 무엇을 해야 하는지 알아야 한
다. 우선 목표를 검토하고 목표 달성에 도움이 되는 자원
을 분류한다. 이어 각 자원을 구체적인 준비 단계로 나눈
다. 확실한 자원부터 시작해 다음 자원으로 넘어간다. 때
로는 가능성 낮은 자원이 나올 수도 있지만, 현재 가장 도
움이 될 자원부터 시작한다.

③ 검토를 거듭한다

기회의 가능성을 높이고 가능한 한 빨리 기회를 만들기
위해 무엇을 할 수 있는가? 검토를 거듭하고 모든 측면을
살펴보아야 한다. 이 세 단계를 되풀이하며 현재 자신이
어디에 있는지, 가장 중요한 성취를 향해 나아가려면 다음
단계에 어디로 가야 하는지 평가하라.

우리는 활용할 수 있는 실무 지식을 갖추고, 원하는 곳에 도달하기 위한 준비 과정에서 지속적으로 자신을 개발해야 한다. 자신만의 생각, 아이디어, 철학, 경험을 축적해야 한다.

가치 있는 삶을 만드는 네 가지 역량

가치 있는 삶이란 이렇듯 발전하고, 성장하고, 변화하고, 준비하는 과정이다. 즉 자기 주도적인 태도를 갖추는 것이다. 다음은 삶을 가치 있게 만드는 네 가지 역량이다.

① 배워라

어리석은 것보다 더 나쁜 것은 없다. 자신의 개인적 경험과 다른 사람들의 경험에서 배워라. 책을 읽고, 강의를 듣고, 사람들과 면담을 하고, 멘토를 구하라. 비즈니스, 자연, 스포츠, 의학, 경제학 등 수많은 분야에서 배울 것이 무궁무진하다. 평생 배움을 지속하기 위해 노력하라.

② 시도하라

"시도가 아니라 완벽하게 실행해야 해."라고 말하는 사람이 있다. 이는 잘못된 생각이다. 우리는 시도해야 한다. 예를 들어, 60㎝ 높이에 막대를 걸고 아이들에게 "이거 뛰어넘을 수 있는 사람?"이라고 물어보면, 어떤 아이는 할 수 있다고 하고 어떤 아이는 못한다고 말한다. 어떤 답이 맞을까? 시도해 보기 전에는 알 수 없다. 우리는 여러 방법으로 다시 시도해야 하며, 될 때까지 계속 시도해야 한다.

③ 전념하라

우리는 목표 달성에 전념해야 한다. 영원히 그럴 필요는 없지만, 목표한 바를 마무리할 때까지는 그 일에 전념해야 한다. 한 곳에서 토대를 쌓은 뒤 여기저기 기웃거리다가 다른 곳에서 다시 토대를 쌓는 사람이 되어선 안 된다. 아무리 많은 토대를 쌓는다 하더라도 그것은 벽도, 지붕도 없는 그야말로 토대에 불과하다. 이것은 좋은 평판을 쌓는 방법이 아니다. 목표를 완료할 때까지 전념하라.

④ 배려하라

배려는 광범위한 영향을 미치는 특별하고 중요하며 강력한 경험이다. 조금이라도 배려한다면 그 결과를 확인할 수 있을 것이며, 충분히 배려한다면 대단한 결과를 얻을 수 있을 것이다.

지금까지 야망을 키우는 요소인 '자기 주도'에 대해 설명했다. 당신은 긍정적인 자기 주도적 삶의 방식을 개발해야 한다. 지금까지 논의한 내용을 실천하면 야망의 힘을 통해 가치 있는 삶을 구축할 수 있을 것이다.

THE POWER OF AMBITION

3

장

[야망을 키우는 원칙 2: 자립심]

인생의 경영자라는
사실을 잊지 말아라

무책임의 다른 말은 남 탓이다

야망을 키우는 두 번째 원칙은 '자립심'으로, 다음과 같은
특징이 있다.

- 자신의 인생을 책임진다.
- 자신에게 어떤 일이 일어나든 책임진다.
- 현재 내게 영향을 미치는 의식적 결정을 스스로 내렸
  음을 알고 있다.
- 오늘 일어나는 일들이 어제 내가 한 일과 행동의 직

접적인 결과물임을 이해한다.

- 자신이 해낼 것임을 믿는다.
- 자신을 신뢰한다.
- 자신감을 갖는다.
- 책임감을 갖는다.
- 자신의 본능을 신뢰한다.
- 경험과 삶의 철학에 대한 연구를 통해 얻은 자신만의 결론을 신뢰한다.
- 자신이 받아야 할 공로를 인정한다.
- 자신이 저지른 실수에서 교훈을 얻는다.

어떤 사람들은 자신의 실수와 실패를 다른 사람의 탓으로 돌린다. 한 가지 예를 들어 보자. 켈리에게는 제출해야 하는 중요한 보고서가 있었다. 그러나 제때 보고서를 완성하지 못했다. 존이 맡은 부분을 작성하지 않았기 때문이다. 이는 존만의 잘못일까? 아니다. 그것은 켈리의 잘못이기도 하다. 공동으로 작업해야 하는 보고서였기 때문이다.

이러한 상황에서 켈리가 했어야 할 올바른 행동은 책임을 지는 것이다. 존이 맡은 부분을 하지 않은 사실에 대해 상사가 신경 쓸 것이라 생각하는가? 상사가 존을 나쁜 직원으로 여길 것이라 생각하는가? 당연히 아니다. 상사는 보고서가 완성되지 않은 사실만 본다. 결과적으로 존의 게으름이 켈리의 커리어에 부정적인 영향을 미치게 된다. 그렇기에 상황을 파악하고 업무를 제대로 처리하는 것은 켈리 자신의 이익을 위해 필요한 일이다. 물론 한낱 직원에 불과한 켈리가 주변 사람들을 완전히 통제할 수는 없겠지만 자신과 일하는 사람들, 자신의 팀을 구성하는 사람들을 확인했어야 했다. 켈리는 "존, 맡은 부분은 어떻게 진행되고 있나요? 도움이 필요한가요? 마무리를 위해 다른 사람을 투입해도 될까요?"라고 말함으로써 맡은 일을 확실히 책임져야 했다. 만약 존이 지속적으로 자신의 업무를 처리하지 못했다면, 제 몫을 할 수 있는 다른 사람을 찾아야 했다. 켈리는 자신에게 영향을 미치는 일에 책임져야 했다.

다른 사람에게 책임을 떠넘기거나 다른 사람이 내 미래

를 바꿔 주길 바라지 마라. 개인의 책임을 다하라. 다른 사람을 염두에 두며 자립심을 가져라.

성숙함은
책임감에서 나온다

나 또한 사회생활 초기에 더 나은 미래를 바라면서도 그저 행운을 빌며 하루를 보냈다. 그러나 이내 내가 변하지 않으면 아무것도 바뀌지 않는다는 사실을 깨달았다. 내가 더 나아지면 내 미래도 더 나아진다. 내가 바뀌면 모든 것이 바뀐다. 당신은 계절이나 바람은 바꿀 수 없지만 당신의 습관은 바꿀 수 있다. 당신은 매일 밤 TV를 보는 대신 학원에 다니거나, 주말마다 운동을 하거나, 목표 달성에 필요한 새로운 기술을 배울 수 있다. 당신은 삶에 유익하지 않은 상황을 통제할 수 있다. 만약 그렇게 하지 못하고 있다면 그것은 당신의 잘못이다. 자신의 삶을 변화시키고 야망을 키우고 꽃길을 깔아 줄 수 있는 사람은 자기 자신 외에 아무도 없다. 오롯이 자신에게 달려 있다. 즉 스스로를 책임져야 한다.

성숙함은 불평하지 않고 자기 자신과 자신이 한 모든 일을 전적으로 책임지는 데서 비롯된다. 흔히 사람들은 "급여는 사장이 결정하는 거야."라고 말한다. 그렇지 않다. 당신의 가치가 급여를 결정한다. 당신은 더 열심히 일하고, 더 많은 기술을 배우고, 시장에서 더 많은 가치를 창출함으로써 자신의 가치를 두 배, 세 배 높일 수 있다. 급여가 얼마든 자신이 전적으로 책임져야 한다. 무엇을 수확하든 불평 없이 받아들여라. 다른 사람을 탓하지 말고 받아들여라.

매일의 작은 성공이
미래의 큰 성공을 만든다

자기 준비를 잘하는 사람은 삶을 통제할 수 있다. 앞장에서 설명했듯이 제대로 준비하고, 필요한 모든 단계를 거치고, 순조로운 진행을 위해 최선을 다하면 목표를 이루고 성공을 거둘 수 있다. 이러한 성공은 올바른 규율의 강화, 즉 목표 달성을 위한 '긍정적 강화Positive Reinforcement'를 가져온다.

아이에게 배변 훈련을 시킬 때, 부모는 아이가 새로운 방식을 익히면 칭찬을 하고 간식을 준다. 아이에게 공부를 시킬 때, 부모는 아이가 좋은 성적을 받으면 보상을 준다. 부모는 "지금 배우는 게, 미래의 너에게 긍정적 영향을 미칠 거야."라고 아이에게 말하면서, 그에 대한 보상은 바로 지금(현재) 한다. 이것이 긍정적 강화다. 잘할수록, 가치가 클수록 더 큰 보상을 받는다. 성인의 경우 가치가 클수록 많은 급여, 좋은 집, 경제적 자유 같은 더 큰 보상을 받을 수 있다.

긍정적 강화의 이점은 크게 두 가지가 있다. 첫째, 긍정적 강화는 좋은 습관을 형성하며. 둘째, 추가 성취의 원동력을 만들어 낸다.

현재 자신의 습관이 야망을 키우고 성공을 증가시킨다면 그 습관을 계속 실천하라. 성공은 이러한 습관이 좋은 것임을 재확인시켜 줄 것이다, 반면, 성공을 방해하는 습관도 분명 있을 것이다. 습관을 점검하다 보면, 당신은 매일 하는 행동이 자신에게 해롭다는 것을 발견할지도 모른다. 또는 자신이 좋은 습관을 갖고 있지 않으며 변화가 필요하다는 것을 깨달을 수도 있다. 도움이 되지 않는 습관이라면 바꿔야 한다. 성공을 가져오는 규율로 돌아가라.

당신은 그저 행운을 빌며 커리어, 가정생활, 건강 등 모든 문제가 잘 풀리기를 바랄 수도 있다. 모든 일의 흐름이 자신에게 유리한 방향으로 바뀌기를 바랄 수도 있다. 하지만 그런 사고방식과 생활 방식은 순진하기 짝이 없다. 더 나은 인생의 항해를 위한 지혜를 얻을 수 있도록 필요한 조치를 취하라. 유리한 바람을 기다리는 것이 아닌, 어떤 바람이 불든 그 바람을 이용해 자신이 원하는 곳으로 이동하라. 이 철학은 내 삶을 송두리째 바꿔 놓았다.

성공을 만드는 '긍정적 강화' 원칙 1: 할 수 있는 일을 하라

나는 25세에 파산하고 빈털터리가 되었지만, 31세에 백만장자가 되었다. 나는 할 수 있는 일을 찾은 다음 그 일에 매진했다. 아침 일찍 일어나서 밤늦게까지 열심히 일했고, 내가 세운 규율을 지키며 좋은 습관을 들였다. 그것은 쉬운 일이었다. 내가 내린 쉬움의 정의는 '할 수 있는 일을 하는 것'이다. 그러나 당신은 이렇게 물을 수 있다. "론, 그게 그렇게 쉬웠다면, 6년 동안 당신 주변의 다른 사람들은 어째서 부자가 되지 못한 거죠?" 그 답은 "하기 쉬운 일은 안 하기도 쉽다."라는 철학 구절에서 찾을 수 있다. 효과 없는 일이나 나쁜 습관을 지속하는 것, 규율을 개발하지 않는 것이 '할 수 있는 일을 하는 것'보다 더 쉽기 때문이다. 이것이 바로 성공과 실패, 몽상과 야망의 차이를 만들어 낸다.

성공의 핵심 공식은 정립한 규율을 매일 실천하는 것이다. 몇 가지 간단한 규율이 경제적 미래, 가족의 미래, 사업의 미래, 기업의 미래, 커리어의 미래를 바꿀 수 있다. 즉 삶 전체를 바꿀 수 있다. 자신이 그리는 삶을 실현할 열쇠는 몇 가지 간단한 규율, 몇 가지 간단한 습관, 매일 반복하는 좋은 습관이다.

반면 실패에 이르는 공식은 매일 판단 착오를 거듭하는 것이다. 잘못된 판단을 하고 그것을 매일 반복하면 그 사람의 삶은 10년 내에 통제 불능 상태가 될 것이다. 그리고 결국 몰고 싶지 않은 차를 몰고, 입고 싶지 않은 옷을 입고, 살고 싶지 않은 곳에 살고, 얻고 싶지 않은 것을 얻게 될 것이다. 그러나 우리는 쉽게 판단 착오를 거듭한다. 첫날부터 실패가 닥치는 것은 아니기 때문이다. 나쁜 습관으로 인한 끔찍한 결과는 첫날, 첫 주, 첫 달에 바로 나타나지 않는다. 판단 착오와 나쁜 습관의 결과는 미묘하고 알아차리기 어려워서 우리를 서서히 경로에서 이탈하게 만든다. 자기도 모르게 경로를 계속 벗어나다가 결국 완전히 표류하게 되는 것이다.

우리는 두 가지 쉬운 것 중 하나를 선택할 수 있다. 즉 '할 수 있는 일을 한다.'라는 선택지를 택할 수도, 반대로 '할 수 있는 일이지만 안 한다.'라는 선택지를 택할 수도 있다. 내가 31세의 나이에 어떻게 부자가 되었는지 한 문장으로 설명하면 이렇다. 나는 6년 동안 내가 할 수 있는 쉬운 일을 소홀히 하지 않았다. 여기서 핵심은 '소홀히 하지 않았다'는 점이다. 나는 큰 재산으로 이어지는, 내가 할 수 있는 쉬운 일을 찾아냈고 그 일을 소홀히 하지 않았다. 소홀함에 주의하지 않으면 불행을 야기한다. 앞으로 나아가기 위해 필요한 모든 일을 하지 않는 습관이 있다면 모든 일을 하는 습관을 들여라. 필요한 모든 일을 하는 것은 긍정적 강화의 첫 번째 이점, 즉 좋은 습관을 형성하는 것으로 이어진다.

성공을 만드는 '긍정적 강화' 원칙 2: 최선을 다하라

긍정적 강화의 두 번째 이점은 추가 성취의 원동력을 만들어 내는 것이다. 긍정적 강화는 더 많은 일을 하도록 추진력을 제공한다. 해야 할 일을 지속하는 것뿐만 아니라 그 이상을 하게 만든다. 이것은 성장과 전진을 돕는 규율이다.

자신이 해야 할 일을 다하고 있지 않다는 것을 알면 아침에 쉽게 일어날 수 있을까? 쉽지 않을 것이다. 침대에 누운 채 '조금만 더 누워 있을까? 좀 더 누워 있는 게 뭐 그리 중요하겠어?'라는 생각이 들 것이다. 반면, 최선을 다해 노력하고, 무언가를 시작하고 싶어 안달하고, 꿈을 향해 나아가고 있다면 아침에 쉽게 일어날 수 있을까? 그럴 것이다. 그날 달성하기로 계획한 일이 너무나 기대되고 흥분되어 알람이 울리기도 전에 벌떡 일어날 것이다. 초기에 그토록 힘들었던 규율, 자신을 움직이게 만든 규율이 자신만의 철학이 되는 것이다. 지금 하고 있는 일이 성과를 낸다는 사실을 알면 나아갈 수 있는 더 많은 에너지가 생성된다. 성공은 야망에 연료를 공급한다. 성공은 더 많은 성공으로 이어지는 길을 열어 준다. 눈덩이 효과 그 자체다.

그렇다면, 이때 자신이 성공했음을 어떻게 알 수 있을까? 백만장자가 되어야 할까? 아니다. 1년에 1만 달러를 버는 것이 최선이라면 그것으로 충분하다. 핵심은 '최선을 다하는 것'이다. 할 수 있는 최선을 다했다면 금액은 중요하지 않다. 삶의 본질은 성장, 즉 최선을 다하는 것이기 때문이다.

당신 앞에 놓인 선택지는 다음과 같다. ① 우리가 이룰 수 있는 성취의 일부를 이룬다. ② 그럭저럭 살기에 충분한 정도의 성취를 이룬다. ③ 우리가 이룰 수 있는 모든 성취를 이룬다. 내가 해 줄 수 있는 조언은 세 번째를 선택하라는 것이다. 최대한 많은 돈을 벌고, 사귈 수 있는 모든 친구를 사귀고, 최대한 많은 책을 읽어라. 가능한 한 많은 기량을 개발하고, 최대한 많은 것을 보고, 할 수 있는 모든 것

을 하라. 가능한 한 많은 부를 쌓고, 쌓은 부를 최대한 기부
하라. 최대한의 삶을 살아라. 그보다 멋진 삶은 없다.

적어라
그러면 답이 보인다

이쯤 되면 자신에게 효과적인 것과 효과적이지 않은 것을
어떻게 구분할 수 있는지, 자신이 긍정적인 규율을 강화하
고 있다는 걸 어떻게 확신할 수 있는지 궁금할 것이다. 지
금 하는 일에서 가시적인 진전이 있는지 확신할 수 없다면
기록을 남겨야 한다. 최소한 일기라도 써야 한다.

하루 일과에서 지금 하는 일과 관련이 있을 만한 모든
것을 적어라. 한 것, 본 것, 느낀 것, 그리고 그것이 당신의
현재 및 미래에 어떤 영향을 미칠지 혹은 미치지 않을지
등등을 모두 적어라. 하루, 일주일 동안의 활동을 추적하

고 1년 동안의 발전을 분석하는 가장 좋은 방법은 꾸준히 기록하는 것이다. 기록을 통해 과거와 현재 그리고 미래를 검토하고 비교할 수 있기 때문이다. 또한 효과적인 것과 효과적이지 않은 것을 쉽게 파악할 수 있다.

대부분의 사람들은 그저 하루를 무사히 넘기려고 할 뿐 아무것도 기록하지 않고 진행 과정을 추적하지도 않는다. 또한 목표 달성을 위해 자신이 할 수 있는 모든 것을 하고 있는지 제대로 판단하지 못한다. 반면 재능 있는 사람들은 소중한 경험, 감동적인 내용, 미래에 영향을 미칠 수 있는 아이디어 등을 기록하지 않은 채 하루를 마무리하지 않는다. 기록으로 남기지 않아 돌아보거나 분석할 수 없다면 어떻게 일주일, 한 달, 일 년을 반성할 수 있겠는가?

문제를 적는 것에는 신비한 힘이 있다. 문제를 적기 시작하면 해결 방법이 떠오르기 시작한다. 쓰는 행위는 문제를 객관적으로 바라보게 만든다. 문제를 쓰다 보면 곰곰이 생각하게 되고 해결 방법을 찾고자 노력하게 된다. 문제가 종이 위에(혹은 컴퓨터나 핸드폰에) 적혀 있다는 사실은 실제로 자신과 문제 사이에 공간을 만들어 준다. 이 공간에서 해결의 실마리가 생긴다. 발생한 일을 적는 것은 정확히 어떤 일이 일어났는지 혹은 일어나고 있는지 이해하는 데 도움이 된다. 정보를 머릿속에만 담아 둘 경우, 우리의 창의성은 실제로 전혀 존재하지 않는 시나리오를 만들 수 있다. 하지만 모든 것을 적음으로써 우리는 더 사실적이고, 더 정확하고, 더 현실적이고, 더 논리적으로 생각할 수 있다. 그런 다음 쓴 내용을 다시 읽으면서 머릿속에 새로운 그림을 그릴 수 있다. 생각하는 대로 보는 것이 아니라 있는 그대로를 볼 때 우리는 상황을 더 나은 방향으로 발전시킨다. 이는 일전에 말한 책임감의 한 부분이며, 상황을 객관적으로 보기 위한 노력의 일환이다. 적는 행위를 통해 우리는 상황을 개선하기 위한 조치를 강구하고, 다가올 기회를 더 잘 준비하기 위한 대책을 세울 수 있다.

자신에 대한 비난가가 아닌
비평가가 되어야 한다

준비하고, 준비하고, 또 준비했다고 생각했으나 생각처럼 일이 풀리지 않았던 때가 있는가? 해야 할 일을 하고 있다고 생각했으나 잘못 알고 있었던 때, 모든 것을 다 준비했다고 생각했으나 제대로 되지 않았던 때, 날마다 늦게까지 일했으나 결국 아무런 소용이 없었던 때. 모두 자기 격려가 필요한 순간들이다. 자기 격려를 사용하는 방법은 두 가지가 있다.

첫째, 놓친 기회나 잘못된 정보에 대해 책임을 지는 것이다. 놓친 기회는 다음 기회를 잡기 위해 더 철저히 준비할 수 있는 계기이다. 잘못되거나 필요한 부분을 수정할 수 있다는 것을 인식하고 변화를 만들어라. 실수를 연구하고 그것에서 교훈을 얻어라. 실수를 곱씹는 것이 아닌, 실수를 인정하고 배워야 한다.

둘째, 반드시 개선된다는 것을 스스로에게 상기시켜라.

스스로를 비난하거나, 자책하지 마라. 중요한 것은 지나간 기회가 아닌 다음 기회다. 지나간 기회는 실수를 통해 교훈을 얻을 수 있다는 점에서만 중요하다. 반면 다음 기회는 실수를 통해 배운 것을 보여 줄 수 있다는 점에서 중요하다. 잘할 수 있을 때까지 연습하고 또 연습해야 한다. 완벽히 숙달할 때까지 계속 노력하라. 지난번에 무엇이 잘못되었는지 파악했다면 다음에 어떻게 해야 제대로 할 수 있는지 알고 있을 것이다. 일을 망쳤다고 자책하지 마라. 문제를 해결하기 위해 스스로를 격려하라.

우리는 스스로 격려하고, 용기를 북돋우고, 자신만의 치어리더가 되어야 한다. 다른 누군가가 나타나 자신을 격려하고, 기분을 띄워 주고, 다음에는 더 잘할 것이라고 말해 주기를 기다릴 수는 없다. 우리는 자기 자신에게 의지해야 한다. 즉 자립심을 가져야 한다. 스스로를 믿고 효과적인 것과 효과적이지 않은 것, 옳은 것과 그른 것을 알아낼 수 있는 자신의 능력을 믿어야 한다. 또한 미래의 성공을 확신하며 자신을 격려해야 한다. 목표, 꿈, 야망에 대한 믿음으로 자신을 응원하라. 계획이 있고, 올바른 조치를 취하고 있으며, 모든 일이 잘 풀릴 때까지 계획대로 추진할 것임을 명심하라. 기회를 놓치거나 기회를 잡을 준비가 되어 있지 않을 때 또는 목표를 달성하는 과정에서 좌절을 겪을 때 곧바로 다시 일어나 자신을 격려해야 한다. 좋은 습관에서 멀어지면 곧장 그 습관으로 돌아가야 한다. 규율에서 어긋나면 최대한 빨리 규율로 돌아가라. 힘들 수도 다소 두려울 수도 있지만 돌아가야 한다. 야망이 계속 살아 숨 쉬며 움직이게 해야 한다.

지금까지 야망을 키우는 요소인 자립심에 대해 살펴보았다. 자립심을 몇 가지 단어로 정리하자면 자기 책임, 자기 확신, 자기 신뢰, 자기 실행, 자기 규율, 자기 격려라고 말할 수 있을 것이다. 우리는 모두 규율을 지켜야 하는 고통과 후회의 고통, 둘 중 하나를 겪는다. 몇 그램의 규율을 견디지 않으면, 몇 톤의 후회를 겪을 것이다. 어째서 규율을 지키지 못했는지 합리화하려고 애쓰는 것보다 규율을 지키고 부자가 되는 것이 훨씬 쉽다. 문제가 없기를 바라지 말고 숙련된 기술을 추구하라. 어려움이 줄기를 바라지 말고 풍부한 지혜를 원하라. 외부의 변화를 바라지 말고 자신에게 전적으로 의지할 수 있을 만큼 스스로를 발전시켜라.

THE POWER OF AMBITION

4

장

[야망을 키우는 원칙 3: 자기 규율]

규율을 습관으로
만들어라

습관을 바꾸는 유일한 방법은
또 다른 습관이다

사람들은 매일같이 이런저런 방법들을 배우며 자신을 개발하기 위해 수많은 방식으로 노력한다. 우리는 교실에서, 책에서, 경험을 통해서 지식을 모으기 위해 평생을 보낸다. 지식이 곧 힘이고 성공으로 가는 열쇠라면 그동안 얻은 모든 지식과 경험에도 불구하고 왜 많은 사람이 평생 정처 없이 방황하며 본질보다 생존에 만족할까? 답은 바로 규율의 부재에 있다.

앞서 설명했듯 습득한 지식을 삶에 적용하고 나면, 그 결과를 연구하고 접근법을 개선해야 한다. 즉 시도하고, 관찰하고, 개선하고, 재시도하는 과정을 통해 우리의 지식은 필연적으로 가치 있고 훌륭한 결과를 낳는다. 우리는 지속적인 발전이라는 긍정적 강화를 통해 야망을 불태운다. 그리고 머지않아 성취라는 이름의 소용돌이를 타고 성공을 향한 수직 상승을 경험하며, 그 경험이 승리한 삶을 만든다는 걸 알게 된다. 하지만 이 프로세스가 효과적으로 작용하려면 목표 수립, 시간 관리, 리더십, 육아, 인간관계 등 다양한 측면의 '일관된 자기 규율의 기술'을 먼저 익혀야 한다. 일관된 자기 규율을 일상생활의 한 부분으로 정립하지 못한다면, 우리가 추구하는 결과는 산발적으로 나타나 이내 달성을 가로막는다.

마음속의 불평, 실패에 대한 두려움, 성공에 대한 막막함, 가난에 대한 두려움, 상처받은 마음을 극복하기 위해서는 규율이 필요하다. 내면의 불평이 실패의 가능성을 불러일으킬 때 계속해서 시도하기 위해서는 규율이 필요하다. 실수를 인정하고 한계를 깨닫기 위해서는 규율이 필요하다.

때때로 자아는 우리가 솔직한 모습이 아닌 과장된 모습을 꾸며내게 만든다. 과장하거나 왜곡하거나 진실을 숨기는 경향은 우리 모두에게 내재된 부분이며, 어릴 때 나타나기 시작해 어른이 되어서도 계속된다. 판매를 위해 제품의 장점을 과장하고, 오랜 친구들에게 잘 보이기 위해 재산을 과장하고, 상사에게 잘 보이기 위해 거래가 곧 성사될 것이라고 과장하는 행위가 그렇다. 이를 극복할 수 있는 유일한 방법은 전력을 다해 규율을 지키는 것이다.

이렇듯 습관을 바꾸기 위해서는 규율이 필요하다. 즉, 덜 바람직한 습관을 극복하려면, 새로운 규율(더 바람직한 습관)을 일관되게 적용해야 한다. 습관은 규율에 따라 오랫동안 지속되어 온 활동으로만 바꿀 수 있는 깨지지 않는 본능과도 같다. 우리는 우리를 옭아맨 습관이라는 밧줄을 천천히 하나하나 풀어내야 한다.

계획을 세우고 실행하려면 규율이 필요하다. 결과가 좋지 못할 때 계획을 변경하거나 계획의 실행 방법을 변경하려면 규율이 필요하다. 세상이 당신을 비난할 때 단호하게 대처하려면 규율이 필요하다. 자만과 오만에 가득 차 나만 답을 알고 있다고 생각할 때, 다른 사람들의 의견을 숙고하려면 규율이 필요하다. 삶의 모든 영역에서 규율을 일관되게 적용하면 가능성과 기회를 찾아낼 수 있다.

미루는 행위도 습관이다

'자기 규율'이 핵심 단어이고 '규율'이 중요한 작용을 한다면, 그 규율이란 정확히 무엇인가? 규율은 행동의 필요성에 대한 끊임없는 '인식'과 그 행동을 '실행'하기 위한 의식적인 행위이다. 인식과 실행이 동시에 일어난다면 우리는 규율에 따른 일련의 가치 있는 활동을 시작하게 될 것이다. 그러나 이때 우리가 마주하는 것이 있다.

행동의 필요성을 인식한 순간과 실행하는 시점 사이에 상당한 시간이 지나는 경우를 미루기procrastination라고 부른다. 미루기란 어떤 일을 오늘 하지 않고 내일 하는 것을 말한다. 미루기는 규율의 반대말이다. 내면의 목소리가 "그일을 끝내라."라고 말할 때, 규율은 "지금 하라. 오늘도, 내일도, 그리고 가치 있는 행동이 결국 본능이 될 때까지 언제나 최선을 다해서 그 일을 하라."라고 말한다. 반면 미루기는 "나중에, 내일, 아무 때나 기회가 있을 때 하라.", "그럭저럭 넘어가거나 다른 사람에게 잘 보이기 위해 필요한 일만 하라. 해야 하는 일이 아니라 할 수 있는 일만 하라."라고 말한다. 우리는 모든 상황에서 지금 하기와 나중에 하기, 즉 규율과 미루기라는 두 가지 선택에 끊임없이 직면한다.

규율 있는 삶이 주는 보상은 막대하지만 당장은 눈에

보이지 않는다. 규율의 부재가 주는 보상은 즉각적이지만, 일관된 자기 규율이 주는 헤아릴 수 없는 보상에 비하면 보잘것없다. 그러나 대부분 사람은 내일의 재산보다 오늘의 즐거움을 택한다. 그렇다면 어떻게 해야 바로 지금 모든 것을 하겠다는 태도를 유지하고, 미루기가 아닌 규율을 선택하고, 야망에 계속 집중할 수 있을까?

규율을 갖춘 사람이 되기 위한 세 가지 단계

우리는 매일 일관된 자기 규율을 지키기 위해 노력해야 한다. 그렇지 않으면 부정적인 생각, 부정적인 사람들, 쓸데없는 잡담이 우리를 방해할 것이다. 이제 규율 있는 사람이 되기 위한 세 가지 단계를 자세히 살펴보자.

첫 번째, 더 쉬운 것보다 덜 쉬운 것을 선택해야 한다

대부분의 사람은 아침 6시에 일어나는 것보다 10시까지 늦잠 자는 것을 더 쉬워하고, 책을 펼치는 것보다 TV를 켜는 것을 더 쉬워하고, 모든 일을 하는 것보다 필요한 만큼만 하는 것을 더 쉬워한다. 기다리는 것은 행동하는 것보다 쉽고, 시도하는 것은 완벽하게 실행하는 것보다 쉽다.

아침에 이부자리를 정리하지 않아도 된다면, 옷을 깨끗하게 관리하지 않아도 된다면, 세금을 내지 않아도 된다면, 내일 출근하지 않아도 된다면 우리 삶이 어떻게 될지 상상해 보자. 정말 멋지지 않을까? 아니, 우리는 아마 별 볼일 없는 존재가 될 것이다. 우리가 살고 있는 시스템은 삶에서 가장 쉬운 일들이 가장 무익하도록 설정되어 있기 때문이다. 반면 유익한 일은 가장 하기 어렵다.

세상은 안이한 생활과 그 순간의 즉각적인 보상, 규율 있는 생활과 크고 중대한 보상, 둘 사이의 끊임없는 전쟁이며 앞으로도 그럴 것이다. 각 선택에는 규율의 대가 또는 후회의 대가가 따른다. 우리는 둘 중 하나를 지불해야 한다. '~했으면 좋았을 걸.'이라는 바람은 돌이킬 수 없는 상황에서 슬퍼하는 후회의 소리다. 여기에 두 번째 기회는 없다. 규율의 대가는 몇 푼에 불과하지만 후회의 대가는 억만금에 달한다.

두 번째, 규율은 항상 실천해야 하는 활동이다

앞서 일관된 자기 규율이 가장 훌륭한 형태의 규율이라고 말했다. 매일 이부자리를 정리하는 데 필요한 규율은 비즈니스 세계에서 성공하는 데 필요한 규율과 이어진다. 옷을 빨고 말리는 데 필요한 규율은 사업을 조직하는 데 필요한 규율과 이어진다. 즉, 모든 규율은 우리 삶의 모든 부분에 영향을 미친다. 한 영역에서만 규율을 지키고 다른 영역에서는 게으르다면 어떻게 되겠는가? 머지않아 게으른 쪽이 규율 있는 쪽으로 스며들어 규율을 파괴할 것이다. 결국 한 영역의 나쁜 습관은 우리가 노력해 온 다른 영역에서 자기 규율을 파괴할 것이다.

일관성은 변덕스러울 수 없다. 규율은 우리 삶을 통제하기 위해 훈련된 마음이며, 개인의 행동 수칙으로 선택한 일련의 기준이다. 규율은 이러한 기준을 지키기 위한 요구 사항을 스스로에게 부과하는 것이다. 이러한 행동 기준을 채택하고 나면 우리는 그것을 지키기 위해 최선을 다한다. 그렇게 하지 않는다면 규율 있는 활동은 이루어질 수 없다.

때때로 사람들은 신념을 외치며 자신과 조금이라도 다른 믿음을 가진 타인을 비난하지만, 정작 스스로 말한 신념을 실천하지 않는다. 그리고 결국 자신이 외친 신념과 매우 동떨어진 방식으로 행동한다. 예를 들자면 이렇다. 부모는 자녀에게 "TV는 바보상자야."라고 말하면서도, 부모 본인은 TV 앞에 앉아 저녁 시간을 보낸다. 상사는 직원들에게 근무 시간을 일분일초까지 알차게 활용해야 한다고 말하면서도 상사 본인은 점심을 먹는 데 세 시간씩 허비한다. '내 말은 따르지만 내 행동은 따르지 마라.' 이것은 일관성 없는 태도다. 이러한 태도는 우리를 지켜보는 사람들 사이에서 신뢰를 잃게 만든다. 더 중요한 것은 우리 자신에 대한 신뢰 또한 잃게 된다는 점이다.

스스로 정한 규율을 적용할 때 일관성이 없는 사람보다 더 나쁜 것은 규율의 필요성이나 가치를 전혀 고려하지 않는 사람이다. 이러한 사람들은 목적 없이 방황하고, 절차와 기준을 바꾸고, 충성심을 저버리고, 빈번하게 말을 바꾼다. 또한 깨진 우정, 완료되지 않은 프로젝트, 지키지 않은 약속 같은 흔적을 남긴다. 이는 규율이 전혀 없거나 매우 드물게 적용되어 효과적이지 않기 때문이다.

세 번째, 규율을 지키는 모든 노력에는 많은 보상이 따른다

이것은 위대한 삶의 질서 중 하나로, 뿌린 대로 거둔다는 인과응보의 법칙과 같다. 인과응보의 법칙에서 특별한 부분은 뿌린 대로 거둘 뿐 아니라 훨씬 더 많이 거둘 것이라는 점이다. 규율을 지키는 모든 노력에는 많은 보상이 따른다. 얼마나 멋진 개념인가! 독특한 서비스를 제공하면 보상이 크게 늘어날 것이다. 공정하고 정직한 태도를 지니며 인내심을 갖고 다른 사람을 대하면 보상이 크게 늘어날 것이다. 받는 것보다 많이 베풀면 기대 이상으로 보상이 늘어날 것이다.

하지만 핵심 단어는 규율임을 기억하라. 가치 있는 것은 모두 주의와 관심이 필요하다. 가치 있는 것은 모두 규율이 필요하다. 아이들이 안정감과 편안함을 느끼며 탐색하고 성장하기 위해서는 구조와 경계를 통한 규율이 필요하다. 아이들은 무엇이 옳고 그른지, 어떤 행동이 허용되고 허용되지 않는지 구별하는 법을 배워야 한다. 아이들은 확고하고 일관된 규율이 필요하다. 그렇지 않으면 혼란스러워질 것이다. 마찬가지로 우리의 생각도 규율이 필요하다. 우리는 내면의 경계를 설정해야 한다. 그렇지 않으면 행동 수칙과 생각에 혼란이 생길 것이고 삶의 미로에서 대책 없이 길을 잃을 것이다. 혼란스러운 생각은 우리의 존재 전체에 영향을 미치는 혼란스러운 상태를 만들어 낸다.

어쩌면 당신에게 이 책을 읽는 지금이 새로운 규율의 필요성을 검토하기에 가장 적합한 시기가 아닐까? 아마 당신은 포기하기 직전이거나 다시 시작하기 직전일 것이다.

당신이 만들 미래의 놀라운 성공 스토리에서 유일하게 빠진 요소는 스스로 부과한 새로운 규율이다. 그 규율은 당신이 생각한 것보다 더 오래 행동을 지속하고, 더 열심히 노력하고, 더 열심히 일하게 해 줄 것이다. 가장 가치 있는 형태의 규율은 자기 스스로에게 부과하는 규율이다. 상황이 너무 급격히 악화되어 다른 사람이 당신의 삶에 규율을 부과해야 할 때까지 두고 보지 말라. 우리 삶은 방치, 자기 연민, 방향과 야망의 부재가 어떤 결과를 가져오는지 보여주는 경고가 될 수도, 혹은 재능을 활용하고 스스로 규율을 부과하며 목표를 명확히 인식하고 치열하게 추구한 본보기로 남을 수도 있다.

뭐든 지나치면 독이다

지나치게 많은 규율은 해로울까? 너무 많은 규율을 우리는 지킬 수 있을까? 무엇이든 지나치면 좋지 않다. 균형이 없는 삶은 불균형을 초래한다. 매일 동네 한 바퀴를 산책하는 것은 좋은 행동이다. 하지만 하루에 여섯 시간씩 걷거나 달리는 것은 바람직하지 않다. 그것은 마라톤 선수가 아닌 한 과도한 행동이다. 우리는 각자의 직업이 있지 않은가. 하루에 사과 한 개를 먹는 것은 좋은 습관이다. 하지만 사과만 먹는 것은 안 좋은 습관이다. 그렇게 하면 몸에 필요한 단백질, 비타민 등의 영양소를 충분히 얻지 못할 것이다. 열심히 일하고 늦게까지 야근하며 끝까지 맡은 일을 처리하는 것은 바람직하다. 하지만 쉼 없이 일만 하며 휴가도 가지 않고 사랑하는 사람들과 즐거운 시간도 갖지 않는 것은 바람직하지 않다. 쉬지 않고 일만 하면 새로운 기회를 포착하지 못하고 새로운 아이디어를 생각하지도 못할 것이다. 자신이 어디까지 왔고 어디로 가고 있는지 잠시 멈춰 곰곰이 생각해 보아야 한다. 옳은 길로 가고 있는지 확인할 수 있도록 스스로를 돌아보아야 한다.

미국의 극작가 아서 밀러Arthur Miller의 희곡 《세일즈맨의

죽음Death of a Salesman》이라는 작품에서는 윌리 로먼Willy Loman
이라는 등장인물이 나온다. 윌리는 전형적인 일 중독자로,
일만 한다면 반드시 성공할 수 있다는 구시대적 성공 개념
을 보여 주는 인물이었다. 하지만 그 생각은 틀렸다. 일 중
독자에게 충분한 일이란 없다. 일 중독자들은 하루에 10
시간, 12시간, 14시간씩 일하고 두 가지 일을 연달아서 하
기도 한다. 그들은 잠을 물리치고, 삶의 즐거움을 부정하
고, 더 많은 업무를 완료하는 것에서 유일한 만족을 얻는
다. 이런 행동을 좋게 보는 사람들도 있지만 일에 너무 많
은 시간을 쏟는다고 해서 일 중독자가 돈을 가장 많이 벌
게 되는 것은 아니다. 이런 유형의 사람들은 일반적으로
결과보다 과업 지향적인 경우가 많다. 그들은 바쁘기 위해
바쁠 뿐 생산성을 높이기 위해 바쁜 것이 아니다. 일 중독
자들은 결국 가족과 멀어지고, 건강을 잃고, 가치의 위기에
직면하게 된다.

업무에 치이는 삶보다 생산성 높은 삶이 더 좋지 않은
가? 당연히 그렇다. 일정 계획을 세우고 시간을 활용하면

더 오래 일하는 대신 더 똑똑하게 일할 수 있다. 그렇게 하면 아마 일 중독자보다 많은 일을 끝내고도 삶의 다른 부분에 할애할 시간이 있을 것이다. 현명한 이기심은 이렇게 말한다. "나는 더 오랜 시간 일하는 대신 같은 시간에 더 많은 일을 하는 데 집중해서 더 똑똑하게 일하는 새로운 방법을 찾을 것이다. 하루가 나를 지배하지 않도록 내가 하루를 지배할 것이다." 현명한 이기심은 균형 잡히고 절제된 삶에서 가치 있는 삶이 비롯된다고 말한다. 아무리 좋은 것이라도 지나치게 많으면 조만간 궤도를 벗어나게 될 것이다.

생생하게 미래를 상상하고
세세하게 계획해야 한다

올바른 방향을 유지하기 위해 '시각적 연쇄 사고Visual Chain

Thinking'라는 핵심 기법을 사용할 수 있다. 야심 찬 사람들은 목표를 향해 가는 각각의 단계를 별개로 보지 않는다. 각각의 규율, 각각의 프로젝트, 각각의 판매 또한 별개로 보지 않는다. 그들은 수행하는 모든 일과 지키는 모든 규율을 사슬의 일부로 본다. 즉, 모든 것을 최종 목적지로 향하는 일련의 사건과 행동의 연결 고리로 생각하는 것이다.

오늘 수행하고 지키는 모든 행동과 규율은 사슬을 이루는 하나의 고리이다. 내일의 행동과 규율도 하나의 고리이며, 미래의 모든 행동과 규율 또한 마찬가지다. 사슬을 이루는 모든 고리가 결국 삶에서 가장 원하는 것으로, 원하는 모습으로 이어진다고 생각한다면 지금 당장 좌절하지도, 걱정하지도, 조바심 내지도 않을 것이다. 시각적 연쇄 사고를 통해 자신이 향하는 곳을 마음속에 그릴 수 있다면 아무리 힘든 시기라 해도 야망의 힘을 계속해서 쌓을 수 있을 것이다.

자신의 방향을 결정할 때, 즉 목적지에 도달하기 전에

자신이 가고자 하는 곳을 마음속에 그릴 수 있을 때, 시각적 연쇄 사고의 일부가 만들어진다. 시각적 연결 고리는 커리어, 가족 활동, 투자, 건강 등의 계획을 명확히 세울 때 형성된다. 계획과 목표는 목적지에 도달하기 전에 어디로 가고 있는지 알 수 있는 시각적 연결 고리다. 이를 실천하기 위해선 '게임플랜game plan'을 수립해야 한다.

우리는 축구 경기나 영업 프레젠테이션을 위해 전략 수립이 중요하다는 사실을 잘 알고 있다. 전 세계 어느 프로 팀도 완벽한 전략 없이 경기를 시작하지 않는다. 하지만 너무나도 중요한 우리 삶을 위해 시간을 내어 게임플랜을 수립하는 사람은 거의 없다.

삶을 위한 게임플랜 원칙

다음은 삶을 위한 몇 가지 게임플랜 원칙이다. 이 원칙을 매일 반복하라. 그러기 위해서는 시간이 걸리며 규율을 지키려는 노력이 필요하다. 하지만 가치는 소망이 아닌 규율의 결실임을 기억하라.

- 어제를 마무리하지 않고 오늘을 시작하지 마라.
- 이루려는 목표를 정확히 알지 못한 채 그날의 활동을 시작 하지 마라.
- 일일 계획을 세우지 않고 하루를 시작하지 마라.

이렇게 하루를 계획하는 기술을 숙달했다면, 다음 단계로 넘어갈 준비가 된 것이다. 매주 일요일에 한 주를 계획하는 시간을 갖는다면 삶이 어떤 모습일지 상상해 보라. 금요일이 되면 "이번 주가 순식간에 지나갔네. 한 주가 어디로 갔지? 이제 어떻게 해야 하나?"라는 말을 하지 않게 될 것이다. 이렇듯 한 주를 시작하기 전에 계획을 세우면 무엇을 하고 싶은지, 무엇을 이루고 싶은지, 무엇을 위해 애써야 하는지 정확히 알 수 있다.

- 지난주를 마무리하지 않고 이번 주를 시작하지 마라.
- 이루려는 목표를 정확히 알지 못한 채 그 주의 활동을 시작 하지 마라.

주간 게임플랜의 일부로 하루를 계획하는 방법을 배우면 한 주가 훨씬 더 조화롭게 채워질 것이다. 우리는 더 원활하고 효과적으로 하루를 보낼 것이며, 더 열심히 일하는 것이 아닌 더 똑똑하게 일할 것이다.

하루 그리고 한 주를 계획하는 방법을 배웠다면 그 다음 무엇을 해야 할까? 월간 계획을 수립해야 한다. 지난달을 마무리하지 않고 이번 달을 시작하지 마라. 일간, 주간, 월간 게임플랜을 세우고 그것을 실천함으로써 며칠, 몇주, 몇 달은 더 큰 계획, 더 큰 설계, 장기적인 인생관, 시각적 연쇄의 일부가 된다.

계획을 세우면 모든 것을 더 큰 관점에서 바라볼 수 있다. 그러기 위해서는 더 큰 규율이 필요하다. 하지만 그것은 시간을 자유자재로 관리하는 습관, 당신을 행복한 삶으로 이끌 규율을 지키는 습관으로 금세 새롭게 자리 잡을 것이다.

미래를 시각적으로 그리는 것이 생소하거나, 한 번도 게임플랜을 수립해 본 적이 없다면 몇 가지 조언을 살펴보자. 게임플랜을 세우기 전 다음 두 가지를 이해해야 한다.

① 게임플랜, 즉 미래에 대한 시각적 연쇄는 스프레드시트와 같다. 숫자 대신 활동 목록을 작성하라. 이것은 할 일 목록과 비슷하다.

② 게임플랜 개발 기법은 하루 계획에 사용될 수도, 단일 프로젝트나 동시에 이루어지는 여러 프로젝트에 사용될 수도 있다.

게임플랜 수립의 구체적인 방법은 이렇다. 먼저 그래프용지 노트를 구매한다. 그래프용지가 게임플랜 수립에 가장 적합하다. 세로축에는 이번 계획에 포함될 날짜를 적는다. 가로축의 맨 위에는 '활동'이라는 제목을 적는다. 그 아래로 해당 기간에 완료할 활동 목록을 모두 적는다.

　일주일 동안 마케팅 계획을 완료해야 한다고 가정하자. 해야 할 일이 산더미처럼 많지만 반드시 끝내야 한다. 먼저 할 일을 세세하게 나눈다. 가장 좋은 방법은 개별 과업들을 페이지 왼쪽에 모두 나열하는 것이다. 다른 과업이 시작되기 전에 먼저 완료되어야 하는 과업들이 있을 것이다. 예를 들면, 홍보물 등에 필요한 예산을 계획하기 전에 마케팅 전략을 수립해야 하고, 마케팅 전략을 개발하기 전에 목표 시장을 알아야 하고, 목표 시장을 정하기 전에 시장 조사 결과를 종합해야 한다. 프로젝트를 과업 단위에 따라, 마감 기한에 따라 나누면 각각의 업무를 구성원들에게 더 체계적으로 나누어 맡길 수 있다. 또한 나머지 부분을 조율하면서 자신이 맡은 부분을 더 효과적으로 수행할 수 있다.

　시각적 연쇄의 최종 결과물인 게임플랜은 내 앞에 놓인 과업을 시각적으로 명확히 표현하는 것이다. 게임플랜을 잘 보이는 곳에 두어야 한다. 사무실에서 자신이 쉽게 볼 수 있는 곳에 붙여 두고, 집 냉장고에도 사본을 붙여 두라. 또 필요할 때 신속히 참고할 수 있도록 일기장에 사본을 보관하라.

게임플랜은 원하는 곳에 도달하기 위해 해야 하는 모든 일을 지속적으로 상기시켜 주는 알림 역할을 한다. 예정된 과업을 모두 수행하고 있다면 게임플랜은 매우 보람 있을 것이다. 게임플랜을 수립하고 실행하는 규율은 매우 흥미롭다. 매일, 매주, 매월 우리는 꿈과 계획이 현실로 바뀌는 마법을 보게 될 것이다. 자신의 삶, 주변 환경, 미래를 책임지는 것은 놀라운 기분을 느끼게 해 준다.

게임플랜을 세우는 것은 상상할 수 있는 가장 큰 캔버스에 예술 작품을 그리는 것과 같다. 그것은 창의적이고 아름다운 과정이다. 꿈을 꾸고, 꿈을 위한 계획을 세우고, 그 꿈이 이루어지는 모습을 보는 것은 너무나 흥미진진한 일이다. 게임플랜의 진정한 강점은 자신의 미래를 눈앞에 그릴 수 있다는 점이다.

에너지가 기대 수준에 미치지 못하는 시기, 열정이 다소 사그라지는 시기, 야망이 자신을 앞으로 나아가게 해 주지 못하는 시기, 자신의 태도가 좋지 못한 시기에 게임플랜을 이용해 자신이 얼마나 왔는지 확인하고 정확히 어디로 향하고 있는지 살펴보라. 반대로 규율을 잘 따르고 있는 시기에는 미래에 대한 시각적 연쇄가 자연스럽게 우리를 앞서 나가게 해 줄 것이다.

또한 게임플랜이 업무 프로젝트에 그치지 않도록 더 많은 내용을 포함시켜라. 게임플랜에는 휴식, 사색, 운동, 건강한 활동 및 식사, 정신적 측면을 위한 시간이 있어야 한다. 오전 9시부터 10시까지 보고서를 작성하기로 계획을 세웠다고 하자. 그런데 이렇게 이른 아침이 보고서를 작성하기에 적합하지 않다면 어떻겠는가? 이런 업무를 하기에 가장 좋은 시간이 오후 3시라면 어떻겠는가? 하루, 한 주, 한 달 등 다양한 시간대에 가장 잘하는 일이 무엇인지 알 수 있을 만큼 자신을 잘 파악하고 있어야 한다. 특정 유형의 과업을 수행하기에 가장 적합한 시간이 언제인지 알고 그에 맞게 일정을 계획하라. 자신에게 가장 적합한 게임플랜을 세워야 한다.

결국 야망에 구체성과 깊이를 부여하는 가장 효과적인 촉매제는 자신만의 규율이다. 자신의 계획과 꿈을 이루고, 원하는 것을 갖고, 원하는 사람이 되기 위해서는 일관된 자기 규율이라는 열쇠가 필요하다. 규율을 자기 것으로 만들 것인가 아닌가는 중요한 질문이 아니다. 궁극적으로 중요한 질문은 바로 '언제 만들 것인가'이다.

가치 있는 규율을 철저하고 일관되게 적용하면 자신을 변화시키고 수입, 태도, 생활 방식, 다른 사람에게 미치는 영향 또한 바꿀 수 있는 역량을 갖게 된다. 우리는 의견, 리더십, 심지어 국가의 방향까지도 변화시킬 수 있다. 우리에게는 기회와 역량이 있다. 어떻게 해야 하는지 답을 알고 있으며 그것을 실행할 능력도 있다. 시도할 자유를 비롯해 필요한 요소는 모두 갖추어져 있다. 다만 규율이 빠져 있을 뿐이다. 규율, 그리고 규율을 지키려는 결심은 우리 모두에게 내재되어 있다. 선택은 우리의 몫이다.

THE POWER OF AMBITION

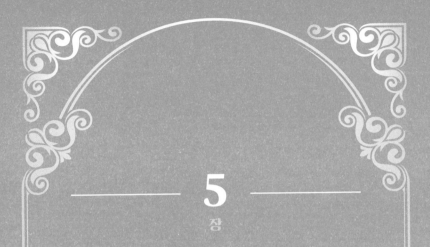

5
장

[야망을 키우는 원칙 4: 진취성]

모든 것이
기회임을 명심하라

진취성이란
자신의 가치를 아는 것이다

지금까지 야망을 키우는 원칙으로, 내가 어떤 사람이며 어디로 가고 싶은지 아는 긍정적인 '자기 주도', 내 인생과 내게 일어나는 모든 일을 책임지는 '자립심', 행동의 필요성을 알고 그 행동이 하나의 생활 방식이자 좋은 습관으로 자리 잡을 때까지 매일 실행하는 '자기 규율'에 대해 살펴보았다. 이제 네 번째 원칙인 '진취성', 즉 지속적으로 새로운 기회를 창출할 수 있는 진취적 역량을 키우는 법에 대해 알아보자.

진취성이란 자신이 창출한 기회를 지속적으로 활용하고, 의식적인 태도를 지니고, 곧 다가올 가능성에 눈과 귀를 열어 둔 채 삶을 직시하는 것이다. 즉, 진취적인 태도는 적극적인 마인드를 유지하는 것이며, 다양한 기회를 잡기에 충분한 역량, 자신감, 창의성, 규율을 갖추는 것이다. 진취적인 생각과 태도를 지닌 사람은 삶의 모든 영역에서 기회를 포착한다. 또한 행동을 취하기 전에 조사하고, 지략과 수완을 발휘하며, 다가올 일에 대비해 가능한 모든 준비를 한다. 진취적인 사람들에게는 아래와 같은 공통점이 있다.

- 계획을 세우고, 계획을 따르고, 적합할 때까지 계획을 조정한다.
- 지략과 수완을 갖췄으며, 어떤 것도 방해가 되도록 놔두지 않는다.

- 미래 비전에 "아니요."라는 단어가 따라오는 것을 용납하지 못한다.
- 문제가 생겼을 때, "안 될 거야."라는 말 대신 "해결 방법을 찾아보자."라고 말한다.
- 항상 현재에서 미래를 본다.
- 상황을 부담스러워하지 않고 언제나 상황을 활용할 방법을 찾는다.
- 게으르지 않다.
- 기회가 오기를 기다리는 것이 아닌, 기회를 쫓는다. 언제나 야망을 향해 적극적으로 노력할 방법을 찾는다.

진취성의 요소, 창의성과 용기

진취성은 '창의성'과 '용기'를 필요로 한다. 우선 창의성은 세상이 어떻게 구성되어 있는지 파악하고 그것을 유리하게 활용하는 특성이다. 또한 세상을 조금 다르게 바라보고 접근하는 태도, 즉 남들과 다른 방식을 취하는 것이다.

용기는 창의성과 밀접한 관련이 있다. 창의성을 발휘하는 용기, 대상을 다르게 보는 용기, 대중을 거스르는 용기, 남들과 다른 접근 방법을 취하는 용기, 홀로 서는 용기, 안일함보다 활동을 선택하는 용기 등이 그러하다. 여기서 활동은 자신의 가치를 이해하는 것과 대체로 연관이 있다.

다음 질문들은 자신과 자신의 잠재력을 살펴볼 수 있는 좋은 연습 중 하나다. 다음 질문에 대해 생각해 보자.

- 나는 무엇이 될 수 있는가?
- 나는 비즈니스 시장에서 실제로 무엇을 할 수 있는가?
- 기업, 가정, 가족, 경험, 사랑, 우정, 결혼 등 전반적인 면에서 나는 얼마나 가치 있는 사람이 될 수 있는가?
- 나는 부족한 부분을 개선해 능력을 최대한 발휘할 수있을 만큼 가치 있는 사람인가?
- 만약 내가 능력의 20%만 발휘하고 있다면, 나머지 80%로 무엇을 할 수 있는가?

자신이 얼마나 가치 있는지 이해한다면 그것은 완전히 새로운 경험이 될 것이다. 자신의 가치를 이해하는 것은 진취적인 사람이 되는 데 중요한 역할을 한다. 자기 가치를 앎으로써 게으른 삶, 적극적인 삶, 진취적인 삶과 같은 차이를 만든다. 스스로 만족하지 못한다면 자신의 삶에 대해서도 만족하지 못한다. 자신의 삶에 만족하지 못한다면 기회를 찾는 것에도 별 흥미를 갖지 못한다. 진취성은 자신에 대해 만족하는 것을 의미하며, 자존감이 높다는 것을 뜻한다.

가장 불행한 사람은
적당히 하는 사람이다

진취성은 언제나 안일함보다 낫다. 자신이 할 수 있는 것보다 덜 하는 것을 선택할 때마다 그 선택은 우리의 자신감과 자존감에 영향을 미친다. 매일 조금씩 덜 행동한다면 우리는 매일 조금씩 더 못한 사람이 되고 있는 것이다. 10년 동안 매일 조금씩 덜 행동했을 때 자신이 어떤 모습일지 상상할 수 있는가? 될 수 있는 것보다 더 못한 사람이 되는 것은 매우 절망적인 일이다. 생각해 보자. 덜 행동하는 것은 삶을 파멸시킬 수 있다.

우리는 앞서 설명한 자기 주도, 자립심, 자기 규율을 활용하여 덜 행동하는 프로세스를 뒤집을 수 있다. 매일 조금씩 더 행동하면 방향이 바뀐다. 그리고 머지않아 방치하지 않고 행동하는 새로운 습관이 생긴다. 지속적으로 더 많이 행동하는 것은 자신감, 용기, 창의성, 자존감을 높인다.

우리를 가치 있게 만드는 것은 우리가 무엇을 얻고 무엇을 축적하는가가 아니라, 어떤 사람이 되는가이다. 성공은 소유에서 비롯되지 않는다. 성공은 실행에서 비롯된다. 이것을 실천하는 과정에서 가치가 창출된다. 꿈을 실현하는 활동이 아이디어를 현실로 바꾼다. 진취성은 활동에서 생겨나며, 활동하지 않으면 기회를 놓치게 된다.

할 수 있는 것보다 덜 하는 것은 온갖 종류의 정신적 피해를 일으킨다. 즉 될 수 있는 것보다 못한 존재가 되는 것, 덜 시도하는 것, 열정이 줄어든 채 행동하는 것은 마음을 어지럽힌다. 이내 이것은 우리의 자아상을 망가뜨린다. 반면 생각을 바꿔 전력을 다하는 순간 우리는 즉각적인 보상을 얻는다. 지금 당장 금전적 보상이 따르는 것은 아니지만, 자신에 대한 태도가 즉각적으로 변화하며 가장 큰 가치를 얻게 된다.

우리를 가치 있게 만드는 것은 무엇을 얻는가가 아니라 어떤 사람이 되는가이다. 할 수 있는 모든 것을 찾아라. 그리고 자신이 얼마나 많이 벌 수 있는지, 얼마나 많이 나눌 수 있는지, 얼마나 많이 시작할 수 있는지, 얼마나 많이 끝낼 수 있는지, 얼마나 많이 이룰 수 있는지, 얼마나 멀리 영향력을 확대할 수 있는지 확인하라. 분명 스스로도 놀랄 것이다!

현실을 직시하는
낙관주의자가 되어야 한다

긍정적인 확언이 활동보다 중요하다고 말하는 사람들도 있다. 그들은 삶을 변화시키기 위해 건설적인 행동을 하는 대신 "나는 매일 모든 면에서 점점 더 나아지고 있다." 같은 상투적인 슬로건과 확언을 반복한다. 하지만 발전은 그런 희망만으로 이루어지지 않는다. 더 나은 행동을 실천하는 규율을 통해서만 이루어진다. 규율은 발전의 필요조건이다. 규율 없는 긍정은 사실상 망상이나 다름없다. 하지만 오해하지 말기 바란다. 필요한 것을 행동으로 옮길 만큼 규율 있는 사람이라면 삶을 긍정해도 아무 문제가 없다.

긍정은 매우 중요한 두 가지 원칙을 기억하는 경우에만 효과적이다. 첫째, 행동 활동 진취성을 긍정으로 대체해서는 안 된다. 더 나은 기분을 느낀다고 해서 더 나은 행동을 하는 것은 아니기 때문이다. 둘째, 무엇을 긍정하든 그것은 사실이어야 한다. 만약 파산했다는 것이 사실이라면 가장 좋은 긍정은 "나는 파산했다."라고 말한 뒤 그 사실을 직시하고 받아들이고 책임지고 변화시키는 것이다. 파산했음을 인정하면 그 사실을 바꾸고 싶을 정도로 현재 상황에 대한 혐오감이 생길 것이다. 그리고 안일함에서 벗어나 행동하게 될 것이다.

혹독한 현실을 직면하는 것은 마음에 놀라운 영향을 미친다. 진실을 직시하고, 그것을 숨기는 대신 온전히 받아들이면 결국 긍정적인 변화가 이어진다. 현실은 언제나 가장 좋은 출발점이다. 현실에는 기적을 만들 수 있는 가능성이 있다. 믿음의 힘은 현실에서 시작된다. 어떤 상황에 대해 진실을 말할 수 있다면 우리는 자유로워진다. 자신의 삶이 형편없는 상황에 놓였다면 형편없는 상황이라고 말하라. 모든 것을 잃었다면 모든 것을 잃었다고 인정하라. 그리고 그에 대해 책임을 져라. 남은 것이 믿음뿐이라면 그것을 이용해 자신만의 기적을 만들어라. 진실을 이해하고 받아들일 때, 미래의 가능성은 속임수라는 족쇄에서 해

방돼 우리를 앞으로 나아가게 할 것이다.

발전하는 나를 만드는
창의적 기법

앞서 진취성의 필요조건으로 '창의성'을 꼽았다. 이제부터 미래로 나아가기 위해 올바른 방향을 유지하도록 도와주는 여섯 가지 창의적 기법에 대해 알아보자.

첫 번째, 종이에 적어 생각하기

로드맵 없이는 새로운 곳으로 여행을 떠날 수 없고, 머릿속의 설계도만으로는 집을 지을 수 없다. 머릿속의 사업 계획만으로는 회사를 세울 수 없으며, 머릿속의 재무계획만으로는 벤처캐피털의 자금을 얻을 수 없다. 하지만 우리는 로드맵, 설계도, 사업 계획, 재무 계획 등 모든 것을 종이에 적을 수 있으며 그것을 바탕으로 방향을 분석하고, 문제를 해결하고, 효과적인 것과 그렇지 않은 것을 구분할 수 있다. 이러한 기법은 우리 삶에도 마찬가지로 적용된다.

정신적 장애물에 부딪혔다면 종이에 모두 적어라. 앞서 논의했듯이 문제를 종이에 적으면 감정을 배제하게 된다. 감정이 사라지면 장애물을 객관적으로 바라볼 수 있다. 이를 통해 자신이 잘한 것과 잘못한 것을 파악하고, 잘못한 것을 바꿀 방법을 찾아낼 수 있다.

당신이 가지고 있는 문제를 하나 생각한 뒤, 종이를 한 장 준비한다. 종이 가운데에 세로로 줄을 긋고 왼쪽에 문제가 무엇인지 적어라. 우리 머릿속에는 너무나 많은 일이 일어나고 있기에, 종이에 적기 전까지는 상황을 명확히 파악하기 어렵다. 가능한 한 최선을 다해 문제를 적어라. 그런 뒤 오른쪽에 생각나는 모든 해결책을 적어라. 나는 답을 찾기 위해 스스로 세 가지 질문을 던진다. 그리고 이 세 가지 질문은 거의 모든 문제를 해결하는 데 사용된다.

① 나는 무엇을 할 수 있을까?

우리는 스스로 문제를 해결할 수 있다. 가능한 해결책을 모두 적은 뒤 각각을 분석해 보자. 다른 것보다 나은 해결책이 있는가? 각 해결책에 대해 모든 대안을 검토하고, 알아낸 사실을 모두 적어라.

② 문제 해결을 위해 무엇을 읽어야 할까?

같은 문제를 겪은 누군가가 효과적인 해결책을 담아 책을 냈을 수도 있다. 혹은 누군가의 조언이 간결한 언어로 어딘가에 정리되어 즉시 도움을 얻을 수 있을지도 모른다. 우리는 이미 있는 것을 다시 만드느라 쓸데없이 시간을 낭비할 필요가 없다. 해야 할 일을 하며 해결책을 찾으면 된다.

먼저 자신의 경험에서 스스로 답을 찾아본다. 스스로 답을 찾을 수 없다면 '무엇을 읽으면 좋을까?' 생각해 본다. 서점에 가 보고, 갖고 있는 책들을 찾아보고, 일기나 파일을 다시 열어 예전에 무엇이 유용하고 도움이 되었는지 살

퍼본다. 어쩌면 도움이 될 만한 메모를 남겨 놓았을지도 모른다. 인터넷에서 믿을 만한 출처의 자료들을 검색할 수도 있다. 찾은 내용을 모두 분석하고 적은 뒤, 문제를 해결할 수 있는 방안을 실행한다.

③ 누구에게 물어볼 수 있을까?

비슷한 문제에 대해 잘 알고 있는 사람에게 질문할 때, 면밀히 분석한 모든 자료를 토론의 출발점으로 제시할 수 있다.

문제가 생겼을 때 종이에 적어 상황을 파악하고 앞선 세 가지 질문을 생각해 본다면 방해가 되는 어떤 문제도 해결할 수 있을 것이다.

두 번째, 브레인스토밍 역량 개발하기

브레인스토밍이란 무엇인가? 말 그대로 두뇌가 억제, 반대, 부정에서 벗어나 자유롭게 모든 방향으로 사고할 수 있도록 허용하는 것이다. 브레인스토밍은 아이디어가 머릿속에서 자유롭게 떠다니도록 연상하는 방식이다. 즉 생각의 흐름을 계획하지 않고, 어디에도 구애받지 않으며 생각하는 것이다.

창의적 전략을 수립하기 위해 동료들과 브레인스토밍 세션을 계획하고 있다면 다음 조언을 참고하기 바란다. 효과적인 브레인스토밍은 자아로부터 자유로워야만 한다. 바보 같거나 어리석은 말을 할까 봐 또는 완전히 엉뚱한 말을 할까 봐 걱정할 필요가 없다. 소위 말하는 어리석은 생각은 다른 사람의 두뇌를 자극해 천재적인 발상을 끌어낼 수 있기 때문이다. 그룹으로 이루어지는 브레인스토밍은 다양한 사고 과정을 통해 한 가지 또는 여러 가지 아이디어를 발전시키는 집단 사고의 경험이다. 이때 참여자 모두가 서로 편안하게 느끼지 않으면 브레인스토밍이 효과적으로 이루어질 수 없다. 그룹 내에서 편안함을 느끼지 못한다면 어리석게 보이고 싶지 않다는 이유로 문제의 해결책이 될 수 있는 생각을 말하지 않게 된다. TV와

잡지에서 보는 다양한 광고들이 어떻게 만들어진다고 생각하는가? 끝내주게 멋진 캠페인이 어떻게 탄생한다고 생각하는가? 그러한 과정은 몇 시간에 걸친 창의적인 브레인스토밍과 노트 메모를 통해 이루어진다. 모든 팀원들이 아이디어를 메모하고, 한 아이디어는 다른 아이디어로 계속 확장된다. 곧이어 그룹의 집단 사고에서 멋진 캠페인이 탄생한다. 사고 과정에 제한을 두었다면 결코 생각하지 못했을 해결책들이 브레인스토밍을 통해 나오는 경우가 많다.

세 번째, 색다른 해결책 상상하기

일단 실용성은 고려하지 말고, 아이디어를 검토하여 틀에 박힌 생각에서 벗어나라. 제한 없이 자유롭게 생각하다 보면 부적절해 보이는 해결책이 나올 수도 있다. 하지만 이러한 방식의 사고를 통해 결국 적절한 해결책을 찾게 될 것이다.

네 번째, 낙서를 이용해 두뇌 자극하기

초등학교 때 우리를 혼나게 만들었던 낙서는 실제로 두뇌를 상당히 자극한다. 낙서를 할 때 생각하는 방식은 공식을 쓸 때 생각하는 방식과 매우 다르다. 낙서는 대안을 생각하도록 두뇌를 자극한다. 창의적인 낙서는 두뇌의 다른 부분을 일깨운다.

성공으로 향하는 길을 낙서해 보자. 그것은 어떤 모습인가. 직선 형태인가? 여러 각도로 구부러지고 굴곡이 많은 형태인가? 정확한지 아닌지는 중요하지 않다. 중요한 것은 낙서가 창의적인 사고 프로세스를 자극한다는 점이다. 자신의 창의적인 부분을 일깨우면 항상 있었으나 전에는 보지 못했던 기회들을 발견하고 놀라게 될 것이다. 이는 전적으로 삶과 기회를 어떻게 바라보는가의 문제다. 당신은 이내 그 길이 마치 공식처럼 작용한다는 사실을 발견할 것이다.

다섯 번째, 인터넷이라는 도구 활용하기

인터넷에서 찾을 수 있는 정보의 종류는 놀랍다. 키보드만 몇 번 두드리면 어떤 질문이든 수백만 건의 답변을 찾을 수 있다. 주식 시세나 세계 각국의 신문도 볼 수 있으며, 모든 것에 대해 정보를 찾을 수 있다. 게시판을 이용해 다른 사용자들에게 궁금한 것을 직접 물어볼 수도 있고, 수많은 사람과 새로운 인맥을 만들 수도 있으며, 완전히 새로운 관계를 형성할 수도 있다. 전자 시대, 컴퓨터 시대, 정보 시대, 디지털 시대, 기술 시대 어떤 용어로 표현하든 지금은 정보에 대한 무한한 접근과 커뮤니케이션이 필수인 시대다. 쉽게 사용할 수 있는 다양한 자원들은 사람과 기업의 상호작용 방식을 완전히 바꿔 놓았다. 지역적, 국가적, 국제적으로 네트워크를 구축할 수 있는 모든 기회를 최대한 활용하지 않는다면 빠르게 도태될 것이다.

여섯 번째, 배움에 전념하기

우리는 삶과 사람에 관심을 기울여야 한다. 다른 사람

들과 더 효과적으로 상호작용하는 방법, 최대한 가치 있는 인생을 살아가는 방법을 배워라. 그리고 할 수 있는 모든 것을 배워 될 수 있는 모든 것이 돼라. 배움은 가치 있는 삶의 핵심이다. 여기에는 진취성, 부, 행복, 건강, 정신, 믿음이 포함된다. 자신만의 기적을 만드는 과정은 바로 배움과 탐색에서 시작된다.

지금까지 창의적으로 진취성을 개발하고 궁극적으로 야망의 힘을 발전시키는 여섯 가지 단계를 살펴보았다. 이것을 한 문장으로 정리하면 아래와 같다.

- 기억해야 하는 것을 종이에 적어 생각한다.

- 브레인스토밍 역량을 개발한다.

- 문제에 대한 색다른 해결책을 상상한다.

- 낙서는 사고 프로세스를 자극한다.

- 인터넷을 통해 가능한 모든 자원을 이용한다.

- 할 수 있는 모든 것을 배워, 될 수 있는 모든 것이 된다.

용기는 눈에 보이지 않는
적과 맞서는 것이다

이제 진취성의 두 번째 요소인 용기를 살펴보자.

보이지 않는 적: 두려움

야망을 품기 위해서는 옳은 것을 지지하고 그른 것에 맞서는 용기가 있어야 한다. 또한 성공을 추구하며 자신의 가치를 지키고 두려움과 싸워야 한다.

프랭클린 D. 루스벨트Franklin D. Roosevelt 대통령은 "우리가 두려워해야 할 것은 두려움 그 자체밖에 없다."라고 말했다. 두려움은 성공과 성취를 포기하고 발걸음을 멈추게 만드는 감정이다. 두려움은 삶이 제공하는 모든 것을 가져가지 못하게 하고, 여러 가지 방식으로 추악한 모습을 드러낸다.

우리는 성공을 두려워할 수도, 실패를 두려워할 수도 있다. 어리석어 보이는 것을 두려워할 수도, 긍정적이든 부정적이든 변화를 두려워할 수도 있다. 경쟁을 두려워할 수도, 손실과 파괴를 두려워할 수도 있다. 이 같은 학습된 두려움은 어떻게 생겨나는가? 일부는 자신의 경험, 다른 사람의 말, 자신이 접한 뉴스에서 비롯되었을 것이다. 두려움은 야망을 완전히 파괴할 수 있다. 그 뿐만 아니라 재산, 관계, 비즈니스 기회 등 많은 것을 파괴한다. 따라서 아무 조치도 취하지 않고 방치하면 두려움은 우리 삶을 파괴할 것이다. 두려움은 적이나 다름없다.

보이지 않는 적: 내면

우리는 내부의 적과도 마주하고 있다. 파괴당하기 전에 우리가 먼저 파괴해야 하는 내부의 적 중 첫 번째는 '무관심'이다. "그냥 넘어가지 뭐." 이것은 너무나 비극적인 질병이다. 이렇게 무관심으로 일관하다 보면 어느새 우리는 야망에서 멀어져 표류하게 될 것이다.

두 번째 내부의 적은 '망설임'이다. 망설임은 기회의 도둑, 진취성의 도둑이라고 불린다. 의사 결정을 하지 않으면 더 나은 미래를 위한 기회를 도둑맞을 것이다. 우리는 망설임이라는 적에게 칼을 휘둘러야 한다.

세 번째 내부의 적은 '의심'이다. 물론 건전한 의심의 여지도 있다. 그렇지만, 의심이 마음을 지배하지 않도록 해야 한다. 과거를, 미래를, 서로를, 정부를, 기회의 가능성을 의심하지 마라. 그리고 자신을 의심하지 마라. 의심은 삶을 파괴하고 성공의 가능성을 없앨 것이다. 의심은 적이다. 쫓아가서 제거해야 한다.

네 번째 내부의 적은 '걱정'이다. 우리는 모두 걱정을 할 때가 있다. 하지만 걱정에 지배되거나 불필요하게 놀라지 말아야 한다. 걱정은 공황을 막는 데 유용할 수 있다. 가능한 모든 시나리오를 생각할 수 있게 해 주며, 두려움에 빠지는 것을 막아 주기 때문이다. 단, 걱정은 하되 걱정이 자신을 구석으로 몰아넣고 목숨을 위협하며 미친개처럼 날뛰도록 풀어놓아선 안 된다. 오히려 걱정을 좁은 구석에 몰아넣고 상식적으로, 상황을 연구하는 방식으로, 혹은 다른 사람과의 대화를 통해 떨쳐 버려라. 걱정이 과도하게 자신을 괴롭히는 것 같을 때마다 걱정을 마음에서 떨쳐 버려라. 자신을 압박하는 것이 무엇이든 그것을 밀어내라. 질병이 걱정되는가? 건강한 생활 습관과 규율을 지키겠다고 결심하고 "그런 일이 일어나도록 내버려두지 않겠어. 나는 적과 다름없는 질병과 싸울 거야. 질병을 물리칠 수 있을 만큼 건강 계획을 세우고 노력하겠어."라고 말할 수 있는 힘을 갖춰라.

다섯 번째 내부의 적은 '지나친 조심', 즉 삶에 소심하게 접근하는 태도다. 소심함은 미덕이 아니라 질병이다. 계속 내버려둔다면 소심함이 승리해 승진에서 밀려날 것이다. 소심한 사람은 승진하지 못한다. 그들은 성장하고 발전하지 못하며 비즈니스 시장에서 강력한 존재가 되지 못한다. 소심함은 충분히 극복할 수 있다.

이렇듯 당신은 두려움과 내부의 적에 맞서 싸워야 한다. 야망의 힘을 발휘하지 못하도록 방해하는 것과 싸울 수 있는 용기를 키워라. 저항할 수 있는 용기를 가져라. 원하는 것을 얻고 되고 싶은 사람이 되기 위해 용기를 내라.

용기를 기르기 위한
세 가지 법칙

다음은 용기를 키우는 데 도움이 되는 세 가지 법칙이다.

첫 번째, 희박한 가능성을 마음에서 모두 지운다

통제할 수 없는 일에 대해 걱정하지 마라. 자신에게 일어날 수 있는 온갖 나쁜 일에 대해 생각하느라 시간을 낭비해선 안 된다. 그런 일이 절대 일어나지 않도록 막을 방법을 계획하는 데 시간을 낭비해서도 안 된다. 용기 있는 사람은 자신이 통제할 수 없는 일에 대해 걱정하지 않는다. 그들은 자신이 통제할 수 있는 것에 집중한다.

두 번째, 두려움을 직시한다

어려움이 발생하기 전에 그 상황을 떠올려 보고 일어날 수 있는 최악의 상황을 나열하라. 생각처럼 그렇게 나쁘지 않다는 사실을 알게 될 것이다. 내 친구는 몇 년 전 모든 것을 잃었다. 집, 차, 재산, 골동품, 미술품, 보석, 신용까지 그야말로 모든 것을 잃었다. 상황을 회복하고 있는 친구는 이제 힘든 결정에 직면할 때마다 "일어날 수 있는 최악의 상황은 무엇이지?"라고 스스로 묻는다. 친구는 이미 최악의 상황을 겪고 살아남았기 때문에 지난 일은 더 이상 문제가 되지 않는다.

특정 두려움을 없애기 위해 모든 것을 잃을 필요는 없다. 하지만 두려움을 직시하고 나면 앞으로 나아갈 수 있다. 일어날 수 있는 최악의 상황을 구체적으로 열거해 보면 그것에 대처할 수 있는 내면의 힘이 자신에게 있음을 알게 될 것이다. 사전에 가능성을 검토하면 최악의 상황에 직면하지 않을 것이다. 이미 충분히 생각했고 어떤 일이 일어날지 예상했기에 그런 일이 일어나지 않도록 방향을 정할 수 있기 때문이다.

세 번째, 대안을 생각한다

두려움에 굴복했을 때 얻게 될 최종 결과를 떠올려라. 우선 두려움에 지배당할 때 치러야 할 대가를 상상하라. 그다음 용기 있게 야망을 따를 때 얻을 수 있는 이득을 생각하라. 이 두 가지를 비교하고 차이를 느껴라.

예를 들어, 당신은 전국 세일즈 컨벤션에 강연자로 초대받았다. 그러나 사람들 앞에서 연설하는 것이 두렵다. 당신은 어떻게 할 수 있을까? 하나의 선택지는 초대를 거절하는 것이다. 또 다른 선택지는 대중 연설 수업을 듣고, 책을 읽고, 카메라 앞에서 연습을 거듭하는 것이다. 그 결과 당신은 완전히 새로운 수준으로 발전해 업계에서 명성을 얻고 미래의 성공 기회를 확대하게 될 수도 있다.

다시 말하지만 어떤 결과를 얻을 것인지는 자신의 선택이다. 당신은 두려움에 얼어붙을 수도, 두려움에 맞서 앞으로 나아갈 수도 있다. 행동하는 것은 두려움에 떨고 있는 자신을 용납할 수 있느냐 없느냐에 달려 있다.

성공을 위해 계획을 세우다 보면 두려움에 휩싸이는 힘겨운 순간이 있을 것이다. 하지만 기억하자. 앞선 장에서 설명한 시각적 연쇄 사고를 활용하여 자기 앞에 놓인 미래를 볼 수 있다면, 자신이 추구하는 목표를 진정으로 원한다면, 야망의 힘을 정말로 믿는다면, 지속적으로 가치를 창출할 수 있다는 것을. 진정한 성공은 진취적인 길을 택하는 데서 비롯된다는 사실을 말이다.

THE POWER OF AMBITION

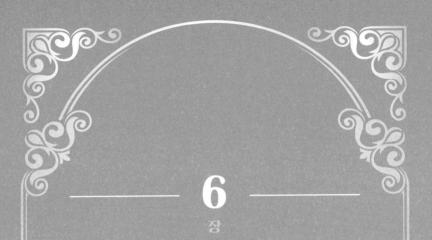

6
장

[야망을 키우는 원칙 5: 협력]

협력은 평범한 사람들이
비범한 결과를 달성하는
비결임을 기억하라

사람은 혼자서
성공할 수 없다

야망의 힘을 키우고 사용하기 위한 다섯 번째 원칙은 다른 사람들과 협력하는 것이다. 이 말이 다소 역설적으로 들릴 수 있다. 특히 앞선 장에서 자립심과 자신이 하는 모든 일에 대한 개인적 책임을 강조했기 때문에 더욱 모순되게 들릴 것이다. 하지만 성공적인 삶에는 가족, 동료, 직원, 친구 등 다른 사람이 반드시 포함된다. 다른 사람과 함께 일하고, 생활하고, 시간을 보내는 것은 관계에 책임을 져야 한다는 것을 의미한다. 물론 그 전에 자기 자신을 책임질 수 있어야 한다. 모든 관계에서 최선의 결과를 낼 수 있도록 자신이 될 수 있는 최고가 되어야 한다. 이것이 바로 상호 이익이 되는 관계를 구축할 수 있도록 야망의 힘을 사용하는 법이다. 혼자서는 성공할 수 없다는 것을 기억하라.

이번 장에서 제시하는 대부분의 조언은 동료, 거래처, 과거-현재-미래의 고객과 좋은 업무 관계를 형성하는 것에 관련된 내용이지만, 상당 부분은 다른 관계를 구축하는 데에도 효과적으로 적용된다.

건강한 관계 구축을 위한 키워드 1: 친절

친절은 삶의 모든 측면에서, 특히 다른 사람과 좋은 관계를 구축할 수 있다는 측면에서 매우 중요하다. 매장 점원부터 거리에서 마주치는 사람들, 사무실과 집에서 만나는 사람들까지 자신이 접하는 모든 사람에게 가능한 한 친절하게 대해야 한다. 그 이유는 무엇인가? 친절한 말 한마디가 누군가의 하루를 밝게 만드는 데 큰 영향을 미치기 때문이다. 매장 점원이 힘든 하루를 보내고 있다는 사실을 모르더라도 "안녕하세요. 오늘 날씨가 참 좋네요."라고 친절하게 웃으며 인사한다면, 우리는 그날 점원에게 친절하게 대해 준 유일한 사람일 수도 있다. 친절한 몇 마디와 관심은 누군가의 하루를 바꿀 수 있으며 그들이 가치 있고 소중한 사람임을 느끼게 해 준다. 아낌없이 친절을 베풀어라. 아는 사이든 아니든 사람들은 당신이 베푼 친절을 기억할 것이다. 레스토랑에서 식사를 할 때, 바쁜 담당 직원에게 친절하게 대했다고 하자. 친절을 베푼 결과 그 직원은 당신을 기억할 것이고 당신은 다음 방문 때 좋은 서비스를 누릴 수 있을 것이다. 친절은 다른 사람에 대한 투자이며, 이는 자신에게 몇 배로 돌아올 수 있다.

건강한 관계 구축을 위한 키워드 2: 민감

민감함이란 타인의 경험에 감동받고, 타인의 문제에 주의 깊게 반응하며, 타인의 곤경을 이해하고, 타인의 요구를 해결하기 위해 마음을 열고 관심을 기울이는 것이다. 즉,

민감하다는 것은 다른 사람의 감정을 인식하고 다른 사람의 입장에서 생각하는 것이다.

예를 들어, 당신이 메리라는 여성을 만나 인사를 나눈다고 하자.

"메리, 오늘 어때요. 일은 잘 되어 가요?"

"음… 뭐, 좋아요."

그녀의 반응에서 그녀가 괜찮지 않다는 것을 알 수 있다. 문제를 감지했다면 몇 가지 질문으로 문제의 근원을 파악할 수 있어야 한다. 그러나 대부분의 사람들은 첫 번째 질문에 문제를 드러내지 않는다. 신뢰할 수 있는 사람과 이야기하고 있을 때, 자신에게 진정으로 관심을 갖는다고 믿는 사람과 이야기하고 있을 때 외에는 진짜 문제를 드러내고 싶어 하지 않는다. 따라서 신뢰가 형성되기 전까지는 두 번째, 세 번째, 네 번째 질문이 필요하다. 신뢰 관계가 형성되면 상대방은 자신의 실제 상황을 기꺼이 알려 줄 것이고, 질문하는 시간이 크게 절약될 것이다. 단, 문제를 조사할 땐, 주제넘게 나서거나 간섭하지 않아야 한다.

관계를 맺고 싶은 사람과 신뢰를 구축하고 소통할 수 있는 질문 방법을 배워라. 좋은 인상을 주려고 애쓰기보다 진심으로 마음을 표현하는 방법을 배워라.

건강한 관계 구축을 위한 키워드 3: 공감

상대방이 나에게 공감하고 "저도 그래요! 무슨 말인지 알아요."라고 말하도록 당신의 생각, 철학, 경험을 표현하라. 서로 공감할 수 있는 공통점을 찾는 것부터 시작이다. 자신이 원하는 곳으로 상대방을 데려가기 전에 상대방이 있는 곳에서 시작하라. 다시 말하지만, 질문은 공통점을 찾는 좋은 방법이다. 어디에서 대학을 다녔는지, 어느 지역에서 자랐는지, 왜 특정 직업을 택했는지 등을 물어볼 수 있다. 이러한 질문은 보다 깊고 의미 있는 논의를 위한 좋은 출발점이다. 상대방이 나에게 공감하고 둘 사이에 관계가 맺어지면 친밀감을 형성할 수 있다. 친밀감은 서로를 이해함으로써 긴밀한 유대감을 키울 때 형성된다.

커뮤니케이션에도
기술이 필요하다

비즈니스 세계에서 친밀감을 쌓거나 강화하고 싶다면 효과적인 커뮤니케이션 기술이 필요하다. 그 기술은 다음과 같다.

① 가치 있는 이야기를 준비한다

흥미롭거나, 재미있거나, 감성을 자극하거나, 지혜를 주거나, 실질적인 도움을 주는 등의 이야기할 만한 가치가 있는 주제를 준비하라.

② 효과적으로 말한다

사람들이 내가 하는 이야기를 이해할 수 있어야 한다. 그래야 내게 집중하고 내 이야기가 도움이 된다는 것을 인식할 수 있다. 효과적으로 말하는 방법을 배워 핵심 내용, 지식, 인식, 이해, 경험 등을 제대로 전달할 수 있는 시스템을 갖춰라.

③ 진심을 담아 소통한다

양쪽 모두가 진심일 때, 즉 한 사람은 진심으로 듣거나 배우려 하고, 다른 한 사람은 진심으로 나누려 할 때 최고의 커뮤니케이션이 이루어진다.

④ 커뮤니케이션 기술을 연습하고 반복한다

비즈니스에서 커뮤니케이션 기술은 매우 중요하다. 무엇을 이야기해야 하는지 파악한 다음 연습하고, 또 연습하라. 연습은 당장 매출을 올리는 것만큼이나 중요하다. 매출은 생계를 유지해 주는 것에 그치지만, 커뮤니케이션 기술은 많은 돈을 벌게 해 줄 것이다.

예를 들어 보자. 망치로 나무를 벨 수 있지만, 그러려면 30일이 걸릴 것이다. 망치를 도끼로 바꾸면 같은 나무를 30분 만에 벨 수 있다. 30분과 30일의 차이를 만드는 것은 도구다.

최고의 커뮤니케이션 도구는 자신의 기술이다. 따라서 효과적으로 말하는 기술을 갖추도록 연습하라. 효과적으로 말하기 위해서는 진정성이 중요하며, 그다음 단계는 반복이다.

⑤ 자신의 평판에 신경 쓴다

예수는 지방을 돌아다니며 제자로 삼고 싶은 사람들에게 "너는 나를 따르라."라고 말했다. 얼마나 간단한가! 어째서 예수는 그토록 간결하면서도 효과적일 수 있었을까? 나는 예수의 명성이 자신을 앞섰기 때문이라고 생각한다. 더 현명해지고, 더 강해지고, 더 좋은 평판을 쌓게 되면 당신이 사람들 앞에 나섰을 때 평판이 당신을 앞서 있을 것이다. 그러므로 많은 이야기를 할 필요가 없다. 좋은 평판이 자신을 앞선다면 시작하기도 전에 많은 일이 끝나 있을 것이다.

⑥ 자신만의 스타일을 만든다

효과적으로 말하기 위해서는 스타일에도 신경 써야 한다. 성공한 사람들의 다양한 스타일을 연구하고 배운 다음 자신만의 스타일을 개발하라. 단, 다른 사람의 스타일을 배우되 자신만의 것을 개발해야 한다. 다른 사람의 영향을 받되 그 사람이 되어서는 안 된다. 자신에게 적합한 자신만의 스타일을 개발하면 효과적인 커뮤니케이션을 할 수 있을 것이다.

⑦ 어휘력을 늘린다

효과적으로 말하기 위해서는 어휘력이 좋아야 한다. 어휘력이 부족하다는 것은 전하려는 내용을 설명하기 위한 도구가 부족하다는 것이다. 제품 소개, 문제 해결 방법, 생각, 아이디어 등을 전달하는 데 필요한 단어를 모른다면 커뮤니케이션을 할 수 없다. 새로운 단어를 접할 때마다 그 단어를 찾아보라.

몇 년 전, 내 친구들 몇 명이 교도소 교정 프로그램 개발을 위해 수감자들을 대상으로 설문 조사를 실시했다. 그리고 기대하지 않았던 결과를 얻었다. 어휘와 행동 사이에 분명한 관계가 있다는 사실을 발견한 것이다. 흥미롭게도 어휘력이 부족한 사람일수록 잘못된 행동을 하는 경향이 높았다. 잠시 생각해 보면 이 결과가 이해될 것이다. 어휘는 세상을 바라보는 방식이며 사회, 문화, 교육, 경제, 정치, 성공 등 모든 것에 대한 통찰을 제공한다. 사람들은 어휘를 통해서만 자신을 둘러싼 세상을 볼 수 있다. 갖고 있지 않은 도구로 세상을 볼 수는 없다. 갖고 있지 않은 도구로 빛을 내고, 이해를 증진하고, 인식을 일깨우고, 비전을 제시할 수는 없다. 자신이 볼 수 있는 시야는 현재 자신이 지닌 어휘력에 국한된다. 어휘력이 제한적이라면 세상을 제대로 볼 수 없다. 작은 구멍을 통해 세상을 보는 것과 마찬가지다. 어휘력이 제한되면 이해력 또한 제한된다. 어휘는 질문, 답변, 인식을 해석하고 마음과 머릿속에서 일어나는 일을 표현하는 도구이다. 내면에서 일어나는 일을 해석하고 표현하는 방법이 제한적이라면 그 사람은 크게 뒤처질 것이다. 해석할 도구가 없는(필요한 어휘를 모르는) 사람은 무슨 일이 일어나고 있는지 파악하지도 못하고, 사건의 의미를 이해하지도 못하기 때문에 작고 좁은 공간에 국한되어 살아간다.

⑧ 청자의 태도를 파악한다

듣는 이의 마음을 읽는 것 또한 효과적인 커뮤니케이션에서 중요한 부분이다. 나와 상대방 사이에 어떤 일이 일어나고 있는지 이해해야 한다. 좀 더 부드럽게 혹은 강하게 말하면 사람들이 더 몰입할까? 설명을 더 해야 할까? 더 명확하고 간결해야 할까? 이야기를 멈춰야 할까? 대화 도중 이루어지는 여러 가지 의사 결정은 상대방의 마음을 얼마나 효과적으로 읽고 파악할 수 있는지에 달려 있다. 아이든, 동료든, 수천 명의 청중이든 상대의 얼굴을 살펴보며 그들의 내면에 무슨 일이 일어나고 있는지 읽어야 한다. 듣는 이에게 주의를 기울여야 하는 것이다.

다음은 듣는 이의 마음을 읽는 몇 가지 방법이다. 첫 번째 방법은 '보이는 걸 읽는 것'이다. 듣는 이의 얼굴을 유심히 살펴 내가 하는 말을 이해하고 있는지 확인한다. 상대방이 당혹스러워 보이는지, 이해하지 못하고 있는지 살펴라. 보디랭귀지는 많은 것을 알려 준다. 사람들이 어떻게 앉아 있는지, 손과 눈으로 무엇을 하고 있는지 주목하라. 팔짱을 끼고 다리를 꼰 채 턱을 당기고 눈살을 찌푸린 사람이 있는가? 그렇다면 이야기를 중단하는 것이 좋다. 그 사람은 접근하기가 쉽지 않을 것이다. 자리에서 일어나는 사람이 있는가? 그렇다면 서둘러야 한다. 그 사람은 당신이 하는 이야기를 오래 듣지 않을 것이다.

두 번째 방법은 '들리는 걸 읽는 것'이다. 커뮤니케이션을 잘하려면 잘 들어야 한다. 귀중한 피드백에 귀를 기울여라. 피드백을 활용하면 상대에 맞게 전달 방식을 좀 더 강하거나 부드럽게 바꿀 수 있고, 다른 예시를 찾는 데 도움이 될 수도 있다. "이건 안 돼요."라는 말을 다르게 표현할 방법을 찾아라. 상대의 말이 끝났을 때 말할 준비를 하는 것에 그치지 말고 상대의 말에 민감하게 반응하라. 상대의 말을 경청하고, 말의 피드백이 주는 신호를 포착하라.

당신은 접근 방식과 전달 방식을 조정해야 한다. 메시지를 성공적으로 전달할 수 있도록 다른 사람의 감정과 자신의 감정을 읽는 법을 배워야 한다. 커뮤니케이션은 다른 사람들과 원활히 협력하고 야망의 힘을 발휘해 멋진 미래를 맞이하는 데 필요한 핵심 요소이기 때문이다.

커뮤니케이션 시
주의해야 할 태도

① 청자에 맞는 적절한 용어를 사용한다

새로운 사람들을 만나면 먼저 보고, 듣고, 주의를 기울인 뒤 적절한 커뮤니케이션 스타일을 결정해야 한다. 잠시 시간을 내어 청자의 기질을 연구하라. 그들이 서로 어떻게 소통하는지 들어 보고, 상황과 의견에 어떻게 반응하는지 살펴보라. 값비싼 대가를 치를 수도 있는 부적절한 행동을 하지 않도록 청중을 파악해야 한다. 비즈니스 현장에서 생기는 커뮤니케이션 실수로 인해 생각보다 더 큰 대가를 치를 수 있다. 잘못된 언어에는 대가가 따른다. 일부 언어는 비즈니스 현장보다 술집이 더 어울리며, 부적절한 언어는 값비싼 결과를 초래한다. 비즈니스 현장에서 욕설이나 저속한 농담을 하는 것은 청자를 불쾌하게 만들 것이다. 그들은 부적절한 언어를 쓰는 사람을 가까이 두어 회사의 평판을 손상시키고 싶지 않을 것이다. 결과적으로 부적절한 언어를 쓰는 사람이 손해를 입을 것이다.

같은 분야에 종사하지 않는 사람들에게 비즈니스 관련 용어를 사용하는 것도 잘못된 언어 습관에 포함된다. 자신이 속한 업계에서 쓰는 용어는 그 업계의 용어일 뿐이다. 같은 분야에 종사하지 않는 사람과 대화할 때는 업계 용어를 사용하지 않도록 주의하라.

② 나에게 독이 될 사람인지 득이 될 사람인지 판단한다

상대방의 품성을 잘 판단하라. 그렇지 않으면 대가를

치를 수도 있다. 비즈니스 현장에는 양과 늑대가 있다. 우리는 현명해야 하며 양의 탈을 쓴 영리한 늑대들이 있음을 알아야 한다. 우리는 항상 그 사실에 대해 인식하고, 민감하게 반응해야 한다. 또한 늑대들이 나타나는 불가피한 상황을 경계해야 한다. 당신은 상대방의 비열한 계략이나 음모에 굴복하지 않기 위해 상대방의 품성을 잘 판단하는 법을 배워야 한다.

③ 지각하지 않는다

지각에는 대가가 따른다. 일부 집단에서는 지각이 허용되지만 대부분의 사람들은 상대가 지각하면 자신의 시간을 무시하는 것으로 간주한다. 그들은 상대가 자신의 시간을 무시했으니 자신의 비즈니스도 무시할 수 있다고 생각한다. 모든 것은 서로 영향을 미치기 때문이다. 정당한 이유가 있고 시간을 잘 지킨다는 평판을 얻고 있다면 한두 번은 넘어갈 수도 있겠지만, 지각은 절대 하지 말아야 한다. 어쩌면 너무 늦어서 거래를 성사시키지 못하는 경우가 생길 수도 있다. 시간을 잘 지켜라.

④ 비난이 아닌 비판을 한다

분노를 부적절하게 표현하면 대가를 치를 수 있다. 다른 사람들과 함께 일하는 과정에서 화가 나거나 잘못을 지적해야 하는 상황이 발생하는 것은 불가피한 일이다. 이때 우리는 분노가 담긴 비난이 아닌 비판을 해야 한다.

비서가 계약서를 구매자가 아닌 판매자에게 보냈다고 하자. 이 경우 비서의 평소 업무 수행 능력을 높이 평가하지만, 잘못된 일 처리에 대해서는 그렇지 않다는 것을 알려 주어야 한다. 즉, 비판을 전달하든 분노를 처리하든, 우리는 상대방에게 '당신을 배려하고 신경 쓰지만, 잘못은 매우 싫어한다.'라는 것을 확실히 알려 주어야 한다. 순간 너무 화가 나서 이성적으로 대응하기 어렵다면 조금 진정될 때까지 말을 아끼는 것이 좋다.

데일 카네기Dale Carnegie는 저서 《카네기 리더십The Leader in You》에서 친절한 비판의 특징을 설명한다. 그는 안드레스 나바로^{Andrés Navarro}가 말한 친절한 비판의 기술을 인용해 3+1 법칙을 제시한다. 그 법칙이란 이렇다. 어떤 사람의 업무 방식에서 마음에 들지 않는 점이 있다면 문제를 적어 둔다. 하지만 그 사람을 비판하기 전에 그 사람의 좋은 점 세 가지를 찾는다. 좋은 점 세 가지를 찾으면 나쁜 점 한 가지를 비판할 권리가 주어진다. 인정한 후 비판하는 것, 이는 매우 흥미로운 생각이다.

적절한 단어와 전달 방식을 이용하면 상대방을 꾸짖지 않고도 잘못된 행동을 비판할 수 있다. 이것은 중요하다. 죄는 미워하되 사람을 미워해서는 안 된다. 상대방이 그 차이를 알도록 해야 한다. 말을 아낄 필요도, 분노나 실망을 숨길 필요도 없다. 하지만 잘못된 행동이 반복되지 않도록 효과적으로 커뮤니케이션해야 한다.

우리는 더 많이 신경 쓸수록 더 강해질 수 있다. 이것은 함께 일하고, 함께 생활하고, 가까이 지내는 사람들과의 커뮤니케이션 강도와 관련이 있다. 내가 누군가를 진정으로 아끼고 그 사실을 상대방이 알고 있다면, 그들은 내게 강력한 언어를 쓸 수 있는 여지를 줄 것이다. 결과적으로 골치 아픈 문제를 해결할 수 있고 나쁜 행동의 어두운 면을 밝힐 수 있다. 커뮤니케이션 기술을 갖추면 다른 사람들과 원활히 협력하는 능력이 향상될 것이다. 듣고, 말하고, 공유하고, 이해하고, 공감하라.

효과적인 비즈니스를 위한
네트워킹 비법

커뮤니케이션 기술에 대해 살펴보았으니, 이제 이러한 기술을 더 많은 비즈니스 창출에 활용하는 방법에 대해 알아보자. '네트워킹'이란 알고 있는 사람들 안에서 일하는 것 또는 알고 싶은 사람들 안에서 일하는 것을 뜻한다. 아래는 효과적인 네트워킹을 위한 몇 가지 기법들이다.

① 상호이익적인 관계가 되도록 한다

다른 사람에게 베푼 호의는 언젠가 돌아오기 마련이다. 우리는 상대에게 한 번 연락하면 상대도 내게 한 번 연락할 것이라고 기대한다. 다른 사람에게 한 번 조언을 제공하면 그 사람도 한 번 보답할 것이라고 기대한다. 아니면 뿌린 대로 거둔다는 법칙처럼 몇 배로 돌아올 수도 있다. 무엇이 되었든 가장 중요한 것은 네트워킹 관계가 상호 이익이 되도록 하는 것이다.

② 관계를 활발히 유지한다

분기마다 점심 일정을 잡는다. 업무 관련 행사에서 만날 계획을 세운다. 신문에 지인의 기사가 실리면 스크랩해서 축하 메시지와 함께 전달한다. 그 사람의 커리어와 관련이 있을 만한 정보를 찾아 보낸다. 이렇게 필요한 것이 있을 때에만 연락하는 것이 아니라 꾸준히 연락한다.

③ 감사와 인정을 표현한다

인맥이나 조언을 제공해 준 것에 대해 감사의 뜻을 분명히 전한다. 최근 거래가 누군가의 인맥 소개로 성사되었다면 그에 대한 수수료를 지불한다. 조언을 얻어 일이 잘 풀렸다면 특별한 선물을 보낸다.

④ 해로운 관계는 단호하게 끊어 낸다

자신에게 더는 도움이 되지 않고 상호 이익이 되지 않는다면 그 관계에서 멀어져야 한다. 네트워킹을 통해 구축하고 있는 관계가 해로운 것 같다면 칼을 빼 들어야 한다.

⑤ 상대방의 성취 욕구를 기억한다

이것은 당신만큼 커리어 성장을 이루지 못한 사람을 대할 때 특히 명심해야 할 중요한 조언이다. 그들의 성취 욕구를 존중하고, 그들에게 조언과 리더십을 제공하고, 그들과 개인적인 경험을 공유하면 그들은 당신에게 기회를 가져다줄 것이다. 그들은 당신의 통찰력, 경험, 그리고 무엇보다도 당신이 공유한 시간과 지식을 귀중하게 여기기 때문이다. 성장하고 있는 사람들을 인정하라. 잘 이해가 안 간다면 뿌린 대로 거두기 즉, 주고받기의 법칙을 떠올려 보자. 다른 사람들과 효과적으로 소통하고 협력하기 위해 더 많이 베풀수록, 당신은 야망을 키우는 과정에서 더 많은 도움을 얻을 것이다.

⑥ 일할 자격이 있는 사람들과 협력한다

당신과 함께 일하고 싶어 하는 사람이 아니라, 당신과 함께 일할 자격이 있는 사람과 일해야 한다. 당신은 이것을 명확히 구분해야 한다. 삶은 목표 달성을 위해 열심히 일하는 사람에게 응답한다. 따라서 당신의 도움을 받을 만한 자격이 있는 사람들과 일해야 한다. 그 과정에서 당신은 사람들에게 '어떻게 해야 나와 함께 일할 자격을 얻을 수 있는지', '내가 시간을 쓰도록 만들 수 있는지', '나의 관심을 받을 수 있는지' 보여 주어야 할 수도 있다. 사람들에게 작은 진전을 이루는 방법을 제시하고 그 과정에서 보상을 제공하라. 함께 일할 자격이 있는 사람이 될 때까지 그들에게 한 번에 한 걸음씩 나아가는 방법을 제시하라.

지금까지 야망을 키우는 요소인 협력에 대해 살펴봤다. 커뮤니케이션 기술을 갖추면 다른 사람들과 원활히 협력하는 능력이 향상된다. 듣고, 말하고, 공유하고, 이해하고, 공감하라. 아는 사람들과 원활히 협력하도록 범위를 넓히면 모르는 사람들과도 원활히 협력할 수 있다. 네트워킹 기술을 개발하면 네트워킹을 통해 얻는 조언 하나하나, 인맥 하나하나가 기회를 늘리는 놀라운 방법임을 깨닫게 될 것이다.

THE POWER OF AMBITION

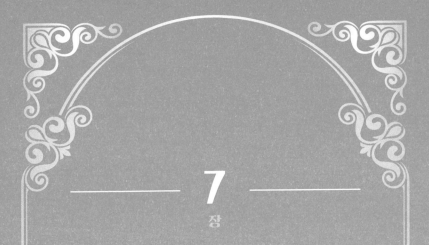

7
장

[야망을 키우는 원칙 6: 자기 인정]

네 자신을
인정하고 믿어라

배움은 곧
나를 알아 가는 과정이다

야망을 수립하기 위한 여섯 번째 원칙은 '자기 인정'이다. 자기 인정은 "자신의 성취를 인정하라, 자신이 지닌 잠재력의 진가를 인식하라."라는 말로 표현된다. 자기 자신과 자신의 성취를 인정하는 것은 야망이라는 불꽃에 지속적으로 연료를 공급할 것이다. 자기 인정은 성공에 필수적인 부분이다. 그러므로 자신만의 스타일, 방법, 프로세스에 대한 확고한 인식을 키워야 한다.

성공에는 고정관념도, 정해진 모형도 없다. 그런 것은 존재하지 않는다. 성공이란 베스트셀러에서 말하는 목표나 강요된 철학이 제시하는 목표가 아니며, 은행 계좌에 보유한 특정 금액도 아니다. 진정한 성공이란 스스로 설계한 개인적 목표를 달성하기 위해 꾸준히 나아가는 것을 의미한다. 성공은 자신이 원하는 사람이 되는 것, 자신과 가족을 위해 갖고 싶은 것을 갖는 것이다. 또한 자신에게 만족과 즐거움을 주는 비즈니스 목표, 개인적 목표, 정신적인 목표, 건강 목표 등을 이루는 것이다. 이것이 내가 생각하는 성공이다. 이러한 성공의 정의는 당신의 생각과 근본적으로 다를 수 있다. 성공의 정의는 하나가 아니다.

"나는 전 재산을 현금화해서 산으로 들어갈 거예요. 오두막에서 다람쥐에게 먹이를 주며 자급자족할 겁니다."라고 누군가가 말한다면, 그리고 나중에 이 사람이 말한 대로 살고 있다는 소식을 듣는다면 나는 이 사람이 대성공을 거두었다고 말할 것이다. 성공을 위해 정해진 길은 없다. 자신만의 길이 있을 뿐이다. 성공은 자신의 인생, 비즈니스, 가족을 위해 자신이 세운 일간, 주간, 월간 목표를 달성해 나가는 것이다.

성공하기 위해서는 철학과 이념의 조합, 즉 자신만의 생각을 형성하고 통합하는 태도가 필요하다. 그렇기에 우리는 다양한 대안에 대해 마음을 열어야 하며, 자신의 생각을 강화하고 방어할 수 있도록 상대방을 인정하는 법을 배워야 한다. 폭넓은 생각에 자신을 노출시키고, 다양한 사람들의 이야기에 귀를 기울이며, 다양한 책을 읽어야 한다. 다양한 관점을 가져야 한다. 이것은 매우 중요하다. 성공을 향한 여정에서 어느 지점에 와 있든 언제나 배우려는 열망을 가져야 한다. 최대한 많은 지식을 모으고 그것에 대해 숙고하라. 모든 내용을 검토하고 분석하고 다각도로 살펴본 뒤 질문하고 설명하라.

단, 자신이 찾는 모든 답이 한 사람에게 있을 것이라고 생각하지 마라. 그들의 지식을 받아들이되 그것이 유일하다고 여기지 마라. 출처를 고려한 다음 자신의 방식으로 실행하라. 다른 사람이 말하는 것을 관심 있게 듣고, 받아들이고, 주목해도 된다. 하지만 그것으로 끝나지 않고 숙고하는 과정이 이루어져야 한다. 모든 각도에서 살펴보라. 추종자가 아닌 연구자가 돼라.

야망의 힘을 키우는 것은 각자의 고유한 과정이다. 모을 수 있는 모든 지식을 모으고 다른 사람의 결론이 아닌 자신의 결론에 따라 자신만의 접근 방법을 개발해야 한다. 다른 사람의 철학에 속지 마라. 그들이 옳지 않을 수도 있다. 지식을 수집하면서 자세히 살펴보고 중요한 것을 찾아야 한다. 그러면 자신만의 철학을 개발할 수 있으며, 이는 당신이 성공으로 나아가는 과정에서 가장 중요한 안내등이 될 것이다.

자기 인정은 곧
시간 관리와 연결된다

다른 사람과 문제를 일으키지 않도록 자신만의 계획을 세워야 하고, 다른 사람들의 계획, 철학, 성취 스타일, 자신을 인정하는 방식 등등 모든 것에 대해 깊이 생각해야 한다고 설명했다. 왜 그래야 할까? 그것이 모든 부분에 영향을 미치기 때문이다.

계획에 부여하는 가치, 스스로에게 부여하는 가치, 삶 전반에 부여하는 가치는 자기 주변의 모든 것에 영향을 미친다. 그뿐만 아니라 시간을 존중하는 방식, 즉 각자에게 주어진 하루 24시간을 사용하는 방식에도 영향을 미친다. 자신을 인정하는 것과 시간을 존중하는 것은 연관성이 있다. 자신을 인정하는 사람은 시간의 사용을 이해하고 존중한다.

부자와 가난한 사람 모두 24시간이 동일하게 주어지지

만, 두 집단의 차이는 바로 시간 관리에 있다. 매일 실천하는 몇 가지 간단한 규율로 자신의 삶, 자신의 미래, 자신의 수입이 바뀔 수 있다. 하지만 그러기 위해서는 시간 관리를 이해해야 한다. 앞서 4장에서 자기 규율을 집중적으로 살펴보았다. 이번 장에서 규율이 다시 등장한다. 자기 규율이 성공적인 삶의 모든 측면을 포함하기 때문이다. 규율은 매일 주어지는 24시간을 관리하는 데 있어 매우 중요하다. 따라서 시간을 효과적으로 관리하기 위한 몇 가지 조언을 제시하고자 한다.

첫 번째, 자신에게 적합한 방식으로 시간을 사용하라

성공과 시간 관리에 대한 어떤 좋은 아이디어도 우리가 그것을 적용할 수 없다면 우리에게 적합하지 않다. 앞서 우리는 성공에 대한 모든 고정관념과 정형화된 모델에 저항하는 것이 중요하다는 점을 살펴보았다. 따라서 시간 관리의 대안은 바로 시간 관리라는 주제를 무시하는 것이다. "시간 관리를 위해 ○○○을 해야 합니다."라는 다른 사람의 강요를 받아들이지 마라. 모든 것에 저항하라. 조언을 받아들이되 명령은 받아들이지 마라. 다른 사람의 의견을 들을 수 있지만 원하는 것만 받아들이고 나머지는 잊어라. 다른 누군가의 성공 모델이 되도록 강요하려는 모든 시도에 저항하라. 자신에게 적합한 방식으로 시간을 사용하라.

두 번째, 좀 더 다루기 수월하고
개인 시간을 지킬 수 있는 일을 선택하라

영업 직원에서 관리자로 승진한 어떤 사람이 이렇게 말한다. "이제 나는 관리자가 되어야 해. 이런 젠장! 모든 사람을 걱정하느라 하루에 14시간이 걸리잖아. 다시 현장으로 돌아가서 영업을 해야겠어." 이것은 좋은 대안이다. 프랜차이즈 매장 운영을 꿈꿨지만, 어떤 부담이 따르는지 알게 된 사람이 이렇게 말한다. "온갖 골칫거리와 각종 사건 사고에 질렸어. 사람들을 대하고, 사업을 운영하고, 모든 일을 책임지는 일에 진절머리가 나. 이만 물러나야겠어." 이것은 정말 좋은 대안이다. 즉 물러남으로써 더 나은 생활을 얻을 수 있다면, 스스로를 압박하지 않아도 된다. 대표적인 사례를 살펴보자.

아빠가 자신과 놀아주지 않는다며 불평하는 여자아이가 있었다. "아빠는 서류가 가득한 가방을 들고 집에 와요. 내게 '안녕'이라고 인사하며 머리를 쓰다듬고는 사라지죠. 어째서 아빠는 집에 와서 나랑 놀 수 없죠?" 아이의 엄마는 이렇게 설명했다. "아빠는 너를 아주 많이 사랑하신단다. 하지만 회사에 일이 너무 많아서 전부 끝낼 수가 없기에 남은 일을 집에 가져와야 하지. 아빠가 너와 놀 수 없는 건 그래서란다." 그러자 아이는 이렇게 말했다. "회사에서 아빠를 천천히 일하는 그룹에 넣으면 안 돼요?" 이것은 나쁘지 않은 생각이며 내가 여기서 제안하는 바이기도 하다. 너무 바빠서 자녀와 놀 수 없다면 천천히 일하는 그룹에 들어갈 필요가 있다.

우리는 소중한 사람과 함께하는 시간을 가져야 한다. 나는 초창기에 너무 많은 대가가 따르는 일을 선택했다. 얼마나 많은 대가를 치를지 알았다면 결코 그 일을 택하지 않았을 것이다. 우리는 결과를 고려해 모든 것을 적절하게 맞추는 방법을 결정해야 한다. 추가 수입을 얻기 위해 정말 소중한 사람과의 관계를 잃을 수밖에 없다면 추가 수입은 그만한 가치가 없다. 소중한 사람과의 시간은 반드시 고려되어야 한다.

세 번째, 정해진 시간에 효율적으로 일하라

우리는 1시간을 10시간만큼 가치 있게 만들 수 있으며, 평소 일주일에 끝냈던 일을 하루 만에 끝낼 수 있다. 효율성, 기술, 지식, 인식, 실행, 개선 등 우리가 일터에서 창출할 수 있는 모든 가치에서 진정한 시간 관리가 시작된다.

정상 근무일은 업무를 완수하기에 충분한 시간이다. 하루에 8~10시간, 일주일에 5~6일이면 충분하다. 요즘은 많은 사람들이 재택근무를 한다. 그들은 주로 인터넷을 통해 일하기 때문에 회사 근처가 아니어도 어디든 원하는 지역에 살 수 있다. 그들은 무엇을 알게 되었을까? 보통 이틀이 걸리던 프로젝트가 몇 시간 만에 끝날 수 있다는 사실이었다. 집중을 방해하는 요소도, 말을 거는 사람도, 원치 않는 전화도, 예상치 못한 방문자도 없기 때문이다. 그들은 일할 때 일하고 놀 때 논다. 물론, 모든 사람이 그런 직업을 갖는 혜택을 누리는 것은 아니다. 하지만 사무실에서도 몇 가지 동일한 원칙을 적용할 수 있다. 예를 들면 '이 시간만큼은 나를 방해하지 말아 달라'라는 '집중 근무 시간 원칙'을 통해 전혀 방해받지 않고 일할 수 있으며, 특정 시간을 정해 약속을 잡거나 전화를 받을 수 있다.

바로 여기에서 개인 발전의 마법이 이루어진다. 자신이 어떤 사람인지 깨닫고, 더욱 가치 있는 사람이 되고, 특정 과업을 완료하는 업무 리듬의 가치를 이해하고, 더 짧은 시간에 더 효율적으로 일을 완료하고, 더 열심히 일하는 사람이 아닌 더 똑똑하게 일하는 사람이 되는 것이다.

시간 관리 시
주의해야 할 사항

시간을 효과적으로 관리하기 위한 몇 가지 조언에 대해 설명했다. 다음은 시간 관리 시 주의해야 할 사항들이다.

첫 번째, 하루를 지배하라

시간 관리의 핵심 중 하나는 책임을 유지하는 것이다. 우리는 무언가를 시작해서 그것을 통제하고 관리한다. 하지만 시간이 지나면 통제력을 잃기 시작한다. 사업을 시작하고 운영하지만 머지않아 사업에 끌려다니게 되는 것이다. 우리는 이따금 멈춰서 '잠깐, 이곳의 책임자가 누구지?'라고 생각해 보아야 한다. 지배하는 것이 있으면 복종하는 것이 있다. 이것이 삶의 본질이다. 우리는 주인으로 남아 있어야 한다. 즉 책임을 맡은 사람이 되어야 한다. 그렇다면 어떻게 책임을 유지할 수 있을까?

목표를 글로 적어 항상 가지고 다녀라. 그다음 중요도

에 따라 목표의 우선순위를 정하라. 끊임없이 목표를 검토하고 각각의 목표를 '게임플랜'에 맞춰라. 4장에서 살펴본 게임플랜의 핵심은 '생각을 꺼내 종이에 적는 것'이었다. 그 게임플랜을 보며 중요한 것과 사소한 것, 즉 정말 중요한 일과 단순히 해야 하는 일을 구분하라. 그리고 우선순위를 정하라. '오늘은 중요한 날인가, 사소한 날인가?' 그에 따라 시간을 조정하라. '이것이 중요한 대화인가, 사소한 대화인가?' 만약 사소한 일이라면, 그것에 매달리지 마라. 중요하지 않은 일에 너무 많은 시간을 들이거나 중요한 일에 너무 적은 시간을 들이지 마라. 따라서 전화를 하려고 한다면 '이것이 중요한 전화인가, 사소한 전화인가?'부터 결정하라. 이처럼 중요한지, 사소한지 간단한 평가를 통해 많은 시간을 절약할 수 있을 것이다.

두 번째, 활동을 업적으로 착각하지 마라

흔히 생산적인 사람이 되려면 바쁘게 움직여야 한다고 생각한다. 그러나 실제로 바쁜 척만 하는 사람들을 본 적이 있을 것이다. 우리는 바쁜 것에 쉽게 속는다. 많은 사람들이 퇴근 후 집에 와서 "하루 종일 이리 뛰어다니고 저리 뛰어다녔어. 바쁘게 하루를 보냈어."라고 말한다. 하지만 진정한 질문은 '어디로 뛰어다니고 무엇을 했는가?'이다. 어떤 사람들은 이리저리 정신없이 뛰어다니지만 큰 진전을 이루지 못한다. 활동을 업적으로 착각하지 마라. 하루 일과를 평가하고 더 효과적으로 관리해 더 많은 일을 할 수 있는 시간을 낭비하지 않았는지 살펴보라.

세 번째, 현재에 집중하라

지금 하고 있는 일에 집중하라. 회사에 도착할 때까지 업무를 시작하지 마라. 나는 잠이 덜 깨 아직 멍한 상태인데도 샤워 중에 어떻게 편지를 쓸지 생각하며 업무를 시작하곤 했다. 이런 방식은 효과적이지 않다. 회사에 도착한 뒤 업무를 시작하라. 아침 식탁에서 일을 시작하지 마라. 이것은 가족에게 좋지 않으며 업무에도 제대로 집중할 수 없게 만든다. 회사에 가는 길에 업무를 생각하지 마라. 차로 출근한다면 곧 있을 회상회의가 아닌 운전에 집중하라. 샤워 중에는 씻는 것에 집중하라. 아침 식탁에서는 가족에게 집중하라. 어디에 있든 자신이 있는 곳에 집중하라. 머릿속에 다른 곳을 떠올리지 마라. 무엇을 하고 있든 그 일에 집중하라. 그리고 사람들에게 집중하라. 집중은 효과적인 시간 관리로 이어진다.

시간 관리의 또 다른 핵심은 "아니요."라고 말하는 법을 배우는 것이다. 사회에서는 지나치게 "네."라고 말하며 자신에게 과도한 의무를 부여한다. 너무 빨리 "네."라고 말하지 마라. "할 수 있을지 모르겠으니, 생각해 보고 추후에 알려드리겠습니다."라고 말하는 것이 낫다. 나중에 취소하는 것보다 모른다고 말하는 것이 낫다. 내 동료 한 명은 이런 명언을 남겼다. "말로 인해 너무 많은 짐을 지지 않도록 해." 너무 빨리 약속하고 너무 친절하게 기분을 맞추려 하면 역효과가 날 수 있다. 자기 자신을 높이 평가하고, 자신의 시간과 시간제한을 중요하게 여겨라.

내가 아는 몇몇 사업가들은 사업에서 큰 성공을 이루었다. 그 결과 그들은 수많은 만남 요청을 받게 되었다. 그들은 시간이 얼마나 소요될지 고려하며 각각의 요청을 검토하고 기회를 평가한 다음 투표를 실시해 향후 12개월 동안 수락할 두 가지 요청을 선정한다. 이처럼 권위 있게 들리는 제안 또는 재미있을 것 같은 사교 행사나 이벤트를 즉각 수락하지 마라. "글쎄요."라고 말한 다음 자신의 커리어나 사회생활에 어떤 도움이 될지, 자신의 야망과 가족에게 쏟는 시간을 얼마나 뺏길지 평가하라. 자신과 가족을 만족시키기 위해 노력하라. 모든 사람을 만족시키려고 애쓰지 마라. 자신의 한계를 인식하라.

그날 하기로 한 일을 모두 끝냈다는 것은 매우 고무적이다. 매일의 성과는 성취의 원동력이 된다.

오늘 밤에 내일의 게임플랜을 세운다고 가정하자. 내일

하루는 매우 수월할 것 같다. 그래서 내일의 게임플랜에 '청소의 날'이라고만 적는다. 다음 날이 되어 당신은 시간을 내어 책상 위의 작은 메모를 정리하고, 일주일 내내 쓰려고 했던 감사 편지를 쓰고, 매일 걸려 오는 사소한 전화들을 처리한다. 그럼에도 불구하고 사소한 일들은 그것을 모두 끝낼 때까지 우리를 계속 귀찮게 할 것이다. 그냥 해치워라. 그러면 하루가 끝났을 때 많은 것을 성취했다고 느낄 것이다. 사소한 성과도 중대한 성과만큼 중요하다. 작은 성과를 인정하지 않으면 큰 성과도 인정할 수 없기 때문이다. 성공은 목표를 향해 끊임없이 노력하는 과정이다.

여섯 번째, 정체기를 즐겨라

인간의 잠재력과 사회 변화에 관한 여러 책을 쓴 작가 조지 레너드George Leonard는 저서 《마스터리Mastery》에서 정체기를 즐기는 것에 대해 이야기한다. 정체기는 자기 인정과 시간 관리에서 중요한 부분이다. 우리는 앞서 나가기 위해 경쟁하며 다음의 성과에 지나치게 몰두한 나머지 그 사이의 시간을 제대로 인식하지 못할 때가 많다. 행복은 얻는 것이 아니라 되는 것이다. 행복은 보편적인 탐구이며, 주로 긍정적인 활동의 결과로 오는 즐거움이다. 행복은 다양한 의미와 다양한 해석이 있으며, 발견의 즐거움과 앎의 즐거움 모두 행복이다. 행복은 삶, 경험, 조화, 꿈, 목표, 그리고 잘 사는 방법을 실천하는 것에서 얻는 즐거움 등등 모든 것을 인식한 결과다. 행복은 삶이 제공하는 모든 것을 탐색하는 것이며, 선택권이 있을 때 행복을 찾을 수 있다. 예를 들면, 해야 하는 일이 아닌 원하는 일을 할 수 있는 선택권, 살아야 하는 곳이 아닌 원하는 곳에서 살 수 있는 선택권, 해야 하는 것에 만족하지 않고 원하는 대로 할 수 있는 선택권 등이다. 또한 행복은 받고 나누는 것이며, 거두고 베푸는 것이다. 성취한 것을 즐기는 시간을 가질 때, 정체기를 즐길 때, 스스로 칭찬할 만한 것은 칭찬할 때, 잘한 일에 대해 스스로 등을 두드려 줄 때 행복을 찾을 수 있다. 행복은 최종 결과가 아니라 지금 여기에 있다. 행복은 여정의 한 부분이다. "천국으로 가는 길이 곧 천국이다."라는 옛말이 있다. 미래에 찾으려는 행복은 오늘 찾아야 하며, 미래에 이루려는 성공은 오늘 노력해야만 이룰 수 있다.

나를 알기 위해선
자기 성찰의 시간을 가져야 한다

성공은 적극적인 성취 욕구와 이미 성취한 것을 인정하는 데서 오는 만족감 사이의 균형이다. 우리는 정체기를 즐기면서 성찰의 시간을 가져야 한다. 과거의 업적을 돌이켜 보면서 아직 발휘되지 않은 내 안의 잠재력을 생각해야 한다. 성찰의 시간 동안 다음 질문들을 숙고해 보자. 매우 개인적인 이 질문에 답할 수 있는 사람은 자신뿐이다.

• 더 부지런했다면 과거에 무엇을 이룰 수 있었을까?

- 더 규율 있게 생활할 수 있었을까?

- 더 열심히 일하기보다 더 똑똑하게 일했나?

- 불필요한 사교 행사나 친목 모임 제안에 더 자주 "아니요."라고 말했나?

- 다른 무언가를 시도했다면 과거에 무엇을 이룰 수 있었을까?

이제 이 질문을 좀 더 깊이 파고들어 어떻게 하면 더 효과적으로 행동할 수 있는지 생각해 보자.

첫 번째, 어떻게 하면 앞으로 더 많은 것을 성취할 수 있을까?

앞선 질문들에 답하기 위해 충분히 숙고했다면 앞으로 필요한 것에 대한 실마리를 얻었을 것이다. 이것은 성찰의 열쇠 중 하나다. 과거에 효과가 있었던 것을 종이에 적고 이 정보를 미래에 적용할 방법을 찾아보자. 과거에서 배울 수 있다면 더 나은 미래를 설계할 수 있다. 흥분될 만한 미래를 설계하면 더욱 설레고 기대하며 미래를 맞이할 수 있다. 우리는 미래를 볼 수 있으며 미래가 우리를 그쪽으로 이끌도록 만들 수 있다.

하지만 지금까지 이룬 것에 대해, 오늘 이룬 것에 대해 자신을 인정하는 것을 잊지 말아야 한다. 그렇기에 자기 인정 목록을 작성해야 한다. 다음의 몇 가지 질문을 생각해 보자. 지난 4일, 지난 2주, 지난 6개월, 지난 1년, 지난 10년 동안 무엇을 성취했는가? 이 기간 동안 무엇을 성취했는지 적어라. 즉, 자신이 달성한 모든 업적에 대해 자기 인정 목록을 작성하라. 그리고 이 목록을 목표와 비교하라. 그동안 목표 달성을 위해 너무 바쁘게 지내 온 나머지 실제로 어디까지 왔는지 돌아볼 시간을 갖지 못했을 것이다. 이제 목록을 돌아보며 이렇게 말할 수 있다. "와, 정말 많은 일을 달성하고 정말 많은 것을 배웠어. 내가 무엇을 이루고 어떤 사람이 되었는지 봐. 10년 전, 아니 1년 전만 해도 나는 이런 모습이 아니었어. 나를 봐. 정말 잘하고 있어."

야망을 키우려면 작은 단계들을 거쳐야 한다. 한 번에 한 단계씩, 한 번에 하루씩, 한 번에 일주일씩 말이다. 이것은 6개월이나 1년 만에 친척 아이들을 만나게 된 어른들의 상황과 비슷하다. 어른들은 이렇게 말한다. "세상에, 이렇게 많이 컸다니!" 부모는 아이가 크고 있다는 것을 알지만 매일 볼 때는 그 사실을 알아차리기 어렵다. 개인적 성장 역시 마찬가지다. 따라서 모든 업적을 기록해서 자신이 그동안 무엇을 이루고 어떤 사람이 되었는지 확인하라. "세상에, 이렇게 많이 성장했네!"라고 말하게 될 것이다.

두 번째, 이룰 수 있었으나 이루지 못한 것은 무엇인가?

이제 솔직해지자. 지난 주, 지난 달, 지난 분기, 지난 해 동안 이룰 수 있었으나 이루지 못한 것은 무엇인가? 게임 플랜이 변화를 가져왔는가? 자신의 방향이 차이를 만들 수 있었는가? 준비를 더 잘했다면 달라질 수 있었겠는가? 더 엄격한 규율이 습관을 바꾸고 인생을 바꾸는 데 영향을 줄 수 있었는가? 시간 관리를 통해 사소한 일이 아닌 중요한 일에 더 투자를 할 수 있었는가? 이룰 수 있었으나 이루지 못한 것은 무엇인가? 스스로 질문해 보자.

한 단계 더 나아가 다음 질문도 생각해 보자. 다음 4일, 2주, 6개월, 1년, 10년 동안 이루고 싶은 것은 무엇인가? 이에 대한 답은 목표와 일치해야 한다. 자신이 성취할 수 있는 것은 자신이 성취하고 싶은 것과 일치해야 한다. 자신이 할 수 있는 것은 자신이 하고 싶은 것과 일치해야 한다. 자신이 될 수 있는 것은 "나는 무엇이 되고 싶은가?"라는 질문에 부합해야 한다. 모든 것은 서로 영향을 주고받는다. 매일 실천하는 바람직한 규율을 통해 '나는 무엇을 할 수 있는가?'와 '나는 무엇을 하고 싶은가?'를 일치시켜야 한다.

세 번째, 목표 달성을 위해

지금 하고 있지 않은 일 중에 무엇을 할 수 있는가?

지금 하고 있지 않은 일 중에 앞으로 노력해야 하는 것은 무엇인가? 매일 작은 일을 실천하며 규율을 지키는 것은 쉽다. 하지만 매일 규율을 지키지 않는 것 또한 쉽다. 2장에서 작성한 자기 인식 목록을 다시 살펴보자. 가장 중요한 업무 목표, 개인적 목표, 정신적 목표를 다시 확인하라. 이 목표들을 어떻게 달성해 가고 있는가? 매일 조금씩 발전하고 있는가? 지금까지 이룬 발전을 인정하고 감사해하고 있는가? 자기 자신과 자신이 지금까지 이룬 업적을 인정하는 것은 중요한 일이다.

자기 인정은 야망의 힘을 키우는 하나의 단계다. 이 단계에서는 좀 더 발전된 성숙함과 더 확고한 결의가 필요하며, 자신이 목표를 이룰 때까지 노력할 것임을 확신할 수 있어야 한다. 자기 인정은 긍정적인 자기 주도의 방향을 확고히 설정하는 것, 옳은 방향으로 나아가는 것, 겸손과 자존감이 훌륭하게 조화를 이루는 것, 목표를 달성하고 있다는 내적 확신을 갖는 것, 자신을 충분히 알고 쓸데없는 자랑을 피할 수 있을 만큼 자신감을 갖는 것에서 비롯된다.

또한 자기 인정은 개선의 여지가 있음을 인식한다. 더 많은 책을 읽고, 더 많은 세미나에 참석하고, 더 많은 기술을 배우고, 더 많은 규율을 지키고, 더 큰 의식과 비전을 지님으로써 지속적인 성장이 필요하다는 것을 인식한다. 우리에게는 성장할 여지와 얻을 수 있는 지식이 언제나 많다. 풍부한 지식을 갖추는 것은 부와 건강으로 가는 길에서 중요한 부분이다. 우리는 결코 배움, 성장, 확장을 멈추지 말아야 한다. 그리고 되고 싶은 것을 추구하며 이룬 것에 대해 스스로 인정하는 시간을 잊지 말아야 한다.

THE POWER OF AMBITION

8

장

균형을 맞춰라

개인적 삶과 직업적 삶의
균형을 찾아야 한다

지금까지 우리는 야망의 힘을 키우는 여섯 가지 원칙에 대해 논의하고 살펴보았다. 각각의 요소는 종합적으로 작용하여 야망을 촉진할 수 있는 에너지를 창출하고 전달한다. 이제부터는 야망이 개인적 삶에 어떻게 영향을 미치는지 이야기할 것이다.

개인적 삶과 직업적 삶의 균형은 야망이 자신에게 도움

이 되도록 만드는 열쇠다. 가정생활과 직장 생활은 조화롭게 작동해야 한다. 직장에서 추구하는 일은 가정생활을 보완하고, 가정에서 일어나는 일은 직장 생활을 보완해야 한다. 하나가 작동하지 않으면 다른 하나도 원활히 작동하지 않는다.

예를 들어, 어떤 여성이 아침 일찍 출근해서 매일 밤 제일 늦게 퇴근한다. 이런 일과가 몇 달째 계속되지만 그녀는 다른 사람보다 더 큰 성과를 이루지 못한다. 그녀는 집에서 벗어나기 위해 사무실을 이용하는 것 같다. 무언가 바로잡아야 할 문제가 있는 것이다. 집에서 그녀를 괴롭히는 것이 무엇이든 그것이 그녀의 일에 영향을 미치고 있다. 그녀의 직장 생활과 가정생활은 균형을 잃은 상태다.

건강한 삶을 위해서는 근무 시간과 개인 시간의 균형이 이루어져야 한다. 야망과 잠재력을 최대한 발휘하려면 두 가지 모두 원활히 작동해야 한다. 가정에서의 문제는 업무에 영향을 미치고, 직장에서의 문제는 가정에 영향을 미친다. 두 가지의 균형이 잘 유지되다가도, 특별한 상황으로 인해 개인 시간을 업무에 빼앗기는 경우가 간혹 있다. 그럴 때에는 언제쯤 힘든 상황이 끝나는지 가족 모두에게 알려 주어야 한다. 또 추가적인 프로젝트로 인해 가족과의 중요한 시간을 빼앗긴다면 그 시간이 충분히 보상될 것임을 가족에게 알려 주어야 한다. 긴 하루를 보내고 퇴근 후 밤늦게 집에 돌아오면서 가정생활이 저절로 잘 되기를 기대해서는 안 된다. 완벽한 개인 생활 및 가정생활을 만들기 위해서는 완벽한 직장 생활을 만드는 것만큼 많은 관심이 필요하다. 사랑, 양육, 친절, 진정성, 보살핌이 필요한 것이다.

그러나 안타깝게도 사람들은 직장 생활에 모든 시간을 보내고, 모든 에너지를 집중하며, 자신이 가진 모든 것을 쏟아붓는다. 그런 방식은 효과적이지 않다. 가족은 다른 활동에 쓰고 남은 시간보다 더 많은 시간을 누릴 자격이 있다. 우리는 형식적인 관계로 전락하기 전에 개인적인 인간 관계에 계속 투자해야 한다. 더 많이 베풀수록 더 많이 얻는 법이다. 베풀기를 멈춘다면 어떻게 되겠는가? 얻는 것 또한 중단될 것이다. 따라서 개인적인 인간 관계와 가족에 대한 투자를 활발하게 지속하고 균형을 유지하라. 그것은 행복한 삶의 한 부분이다. 함께 나눌 사람이 없다면 언덕 위의 대저택이 무슨 소용이 있는가? 아무 소용도 없다. 함께 나눌 사람이 없다면 100만 달러 가치의 투자 포트폴리오가 무슨 소용이 있는가? 아무 소용도 없다. 원하는 것을 모두 쌓을 때까지 일만 하는 동안 가족이 자신을 떠난다면 매일같이 열심히 일하는 것이 무슨 소용이 있는가? 아무 소용도 없다. 모든 것은 가치를 잃고 만다.

직장에 너무 많은 시간을 쏟고 있다면 영화 관람이나 특별한 외출로 가족에게 보답하라. 균형은 중요하다. 균형을 이루지 못한다면 일을 위해 가족을 희생하고 자녀에게 소홀한 채 고객에게 신경 쓰고 있을 것이다. 균형이 깨지면 인생에서 가장 소중한 모든 것, 즉 사랑하는 사람들을 잃을 수 있다. 따라서 목표를 수립하고 달성하기 전에 어떤 대가가 따를지 평가하라. '이 목표를 달성하려면 나는 무엇을 포기해야 하는가?', '나는 어떤 사람이 되어야 하는

가?' 이 질문에 대해 모든 측면에서 평가하라.

직장에서의 규율이 개인 생활에 영향을 미칠 수 있다고 생각하는가? 직장에서 숙달한 기술이 개인 생활에 영향을 미친다고 생각하는가? 물론이다. 모든 규율은 서로 영향을 주고받는다. 다른 요소와 무관하게 독립적으로 작용하는 것은 없다. 모든 것은 서로 영향을 미치며, 모든 것이 중요하다. 덜 중요한 것은 있지만 중요하지 않은 것은 전혀 없다. 삶과 비즈니스와 가족에 대해 가볍게 접근하지 마라. 자녀를 대하는 방식은 고객을 대하는 방식에 틀림없이 영향을 미친다. 사무실을 운영하는 방식은 삶과 가정을 꾸리는 방식에 틀림없이 영향을 미친다. 모든 것이 중요하다.

삶은 균형을 이루어야 한다. 세 달 일하고 일주일 쉬는 것은 균형이 아니다. 삶은 균형을 이루어야 하며 그렇지 않으면 생활이 악화될 것이다. 균형이 깨진 삶은 관계를 잃게 만들 수 있다. 균형이 깨진 삶은 신체적 건강을 잃게 만들 수 있다. 균형이 깨진 삶은 건강한 정신을 잃게 만들

수 있다. 균형이 깨진 삶은 부를 잃게 만들 수 있다. 균형은
행복을 가져온다. 직장 생활과 가정생활의 균형을 맞추기
위해 노력하라. 야망과 원하는 생활 방식의 균형을 맞추기
위해 노력하라.

건강한 신체를
유지해야 한다

야망의 힘을 키우는 데 있어 또 다른 중요한 측면은 신체
적 측면, 즉 신체의 건강이다. 신체 건강에 관해 내가 제시
할 최고의 조언은 "우리 몸을 성전처럼 대하라."라는 성경
의 가르침에서 비롯된다. 이것은 매우 훌륭한 조언이다.
우리 몸을 성전으로 대한다는 것은 몸을 아주 잘 관리한다
는 뜻이다. 성전은 귀중한 보물로 가득하다. 우리 몸 또한
마찬가지다. 우리 몸은 뇌, 심장, 소화기관, 근육을 비롯해

생명과 건강을 유지하는 그 밖의 수많은 중요 부분들로 이루어진다. 우리 몸은 마음과 정신을 지지하는 훌륭한 지원 시스템이 되어야 한다. 즉 우리를 원하는 곳에 데려갈 수 있는 힘, 에너지, 활력으로 우리를 뒷받침할 수 있어야 한다. 나는 활력이 성공의 주요 요소라고 생각한다. 어떤 사람들은 컨디션이 좋지 않아 할 일을 제대로 못하는 경우가 있다. 좋은 컨디션을 유지하는 것은 신체를 잘 돌봄으로써 해결되는 개인적 책임이다. 우리 몸은 우리가 살아가는 중요한 장소다. 따라서 소중히 여겨야 한다. 성경에 "때때로 정신은 하고자 하나, 육신이 약하도다."라는 구절이 있다. 하고자 하는 정신과 약한 몸, 이것은 안타까운 조합이다. 이보다 불쌍한 조합은 생각할 수 없다.

그러므로 우리는 신체를 관리해야 한다. 전반적인 건강에 매우 중요하기 때문이다. 단, 그것이 너무 지나쳐서 하루에 여섯 시간씩 조깅을 하거나 웨이트 트레이닝을 하지는 말아야 한다. 운동에 매일 20~30분만 투자해도 튼튼하고 건강한 몸을 만들 수 있다. 엘리베이터를 타는 대신 계단을 걸어 올라가는 것처럼 몇 가지 간단한 실천을 통해 매일 추가 운동을 할 수도 있다. 주차 시에 가려는 곳과 조금 떨어진 곳에 주차해 보자. 세상에서 가장 좋은 운동 프로그램은 자신에게 효과적인 프로그램, 자신이 실천할 수 있는 프로그램, 지루하거나 다치지 않을 프로그램이다. 조깅을 좋아하지 않거나 관절에 무리가 간다면 산책을 하라. 산책을 좋아하지 않는다면 일주일에 두세 번 수영을 하라. 그것이 싫다면 테니스, 라켓볼, 농구, 소프트볼 같은 스포츠를 시작하라. 운동을 너무 많이 할 필요는 없다. 꾸준히 몸을 움직이는 것만으로도 충분하다. 규칙적인 운동 프로그램에 참여하면 몸뿐만 아니라 정신도 더 건강해진다. '러너스하이runner's high'라는 말을 들어본 적이 있는가? 러너스하이는 격한 운동을 했을 때 밀려오는 행복감으로 다리와 팔이 가벼워지고 리듬감이 생기며, 피로가 사라지고 새로운 힘이 생기는 상태를 말한다. 거짓말 같지만 그것은 사실이다. 20~30분 이상 활동을 지속하면 엔도르핀이 분비된다. 엔도르핀은 우리 몸에서 분비되는 천연 진

통제다.

신체 건강을 돌보면 전반적인 삶의 건강이 증진되고 더욱 행복해진다. 또한 원하는 곳으로 자신을 어디든 데려가고 원하는 것은 무엇이든 성취할 수 있는 내면의 근력과 활력을 갖게 될 것이다. 건강한 신체를 만드는 시스템을 발전시켜 자신을 돌보고 모든 꿈을 실현하라.

또한 과식, 흡연, 약물, 과음 등 균형을 깨뜨리고 야망에 영향을 미칠 수 있는 요인에 주의를 기울이는 것이 현명하다. 저녁 식사에 곁들이는 고급 와인 한 잔은 하나의 즐거움일 수 있지만, 너무 많이 그리고 너무 자주 마신다면 성전과도 같은 우리 몸을 무너뜨릴 것이다. 업무상 저녁 식사나 사교 행사에서 술을 너무 많이 마신다면 적정선을 지키려는 일터의 사람들과 멀어지게 될 수도 있다. 생각보다 더 큰 비용을 지불하지 않도록 비즈니스 현장에서의 행동에 주의를 기울여라. 가장 중요한 것은 균형이다.

리더십에도
균형이 필요하다

리더십은 직장에서뿐만 아니라, 가정 및 공동체에서도 필요하다. 나는 리더십이 평범함을 넘어서기 위한 도전, 즉 새로운 도전과 새로운 기회를 향해 나아가는 것이라고 생각한다. 정말 훌륭한 사람들을 끌어모으고 싶다면 자신이 먼저 훌륭한 사람이 되어야 한다. 리더십은 사업주로서, 관리자로서, 부모로서 자신이 제공하는 재능, 기술, 기회를 이용해 사람들을 끌어들이는 능력이다.

훌륭한 리더는 세련되고 효과적인 리더십을 갖출 때까지 스스로 계속 노력한다. 세련됨은 강하면서도 무례하지 않은 태도를 비롯해 많은 것을 의미한다. 폭넓은 영향력을 지닌 강력하고 유능한 리더가 되려면 강해져야 한다. 어떤 사람들은 무례함을 강함으로 착각한다. 하지만 무례함은 강함을 대신할 수 없다. 세련됨은 친절하면서도 나약하지 않은 태도를 뜻한다. 우리는 나약함을 친절함으로 착각해서는 안 된다. 친절함은 나약함이 아니다. 친절함은 일종의 힘이다. 우리는 누군가에게 진실을 말할 수 있을 만큼 친절해야 한다. 착각에 빠지지 않고 있는 그대로 솔직히 말할 수 있을 만큼 친절하고 사려 깊어야 한다.

다음으로 대담하면서도 상대를 괴롭히지 않는 태도를 배워야 한다. 야망을 이루기 위해서는 대담함이 필요하다. 우리는 앞으로 성큼성큼 나아가야 한다. 그리고 문제와 어려움을 기꺼이 받아들여야 한다. 세련된 리더십은 겸손하면서도 소심하지 않은 태도를 의미한다. 소심한 태도로는 높은 자리에 오를 수 없다. 소심함을 겸손함으로 착각하는 사람들도 있지만 겸손함은 미덕이고 소심함은 일종의 질병이자 고통이다. 겸손함은 경외감, 경이로움, 인간의 영혼과 정신에 대한 자각을 불러일으키는 신과 같은 단어다.

세련됨은 어리석지 않은 유머다. 좋은 유머 감각은 리더에게 중요하지만 그렇다고 해서 어리석어서는 안 된다. 리더는 재치 있지만 어리석지 않고, 재미있지만 바보 같지 않아야 한다.

또한 세련된 리더십은 현실과 진실을 다루는 방법을 아는 것이다. 삶이 비극적이라고 생각하는 사람들도 있으나, 나는 모든 삶은 고유하고 매력적이라고 생각한다. 마찬가지로 리더십 또한 고유하다. 한 리더에게 효과적인 리더십 기술이 다른 리더에게는 전혀 맞지 않을 수도 있다. 하지만 기본적인 리더십 기술은 직장, 공동체, 가정 등 거의 모든 사람에게 통하도록 조금씩 다듬어야 한다.

행복한 가정을 위해선
노력이 필요하다

많은 사람이 행복하고 탄탄한 가정을 꾸리는 데 필요한 기술은 자연스럽게 생겨난다고 생각한다. 그러나 그렇지 않다. 또한 사람들은 공동체에서 좋은 리더가 자연히 가정에서도 좋은 리더라고 생각한다. 물론 그런 경우도 있지만 그렇지 않은 경우도 있다. 균형 잡힌 가정을 꾸리려면 어떻게 해야 할까?

첫 번째, 소통하라

행복하고 탄탄한 가정을 꾸리는 데 필요한 기술은 무엇인가? 첫 번째는 바로 소통 즉, '커뮤니케이션'이다. 모든 가족 구성원은 자신의 목소리를 낼 수 있고 자신의 목소리가 존중되며 중요하다는 것을 알아야 한다. 가족은 하나의 민주주의 집단이다. 따라서 문제가 있으면 함께 논의할 수 있다. 저녁 식탁은 그저 식사만을 위한 장소가 아니다. 모든 문제를 꺼내 놓고, 그날의 일을 이야기하고, 경험을 나누고, 질문을 하고, 대답을 기대하는 장소다. 당신의 가정이 어떤 형태로 구성되든 개방적이고 솔직한 커뮤니케이션이 이루어져야 한다. 모든 구성원은 발언권이 필요하다. 모든 구성원은 서로의 목소리를 귀담아들어야 하며 다른 구성원의 목소리가 중요하다는 것을 알아야 한다. 가장 중요한 것은 바로 커뮤니케이션이다.

두 번째, 활동하라

탄탄하고 균형 잡힌 가족을 꾸리려면 '활동'이 필요하다. 얼마 전 한 연구에서 행복한 가족을 대상으로 설문 조사를 실시했다. 그들의 공통점은 다음과 같았다. ① 가능한 한 자주 저녁 식사를 함께한다. ② 산책, 테니스, 수영, 야구 같은 신체 활동에 다 함께 참여한다. (그들은 가족 체육 활동을 계획했다.) ③ 부모가 둘만의 개인적인 시간을 갖는다. 부모가 서로에게 만족하고 서로에게 투자함으로써 자녀에게 단합된 모습을 보일 수 있다. 부모가 함께하는 개인적인 시간은 중요한 역할을 한다.

이처럼 탄탄하고 균형 잡힌 행복한 가정을 꾸리려면 함께하는 계획된 활동이 있어야 한다. 자전거 타기, 스키 여행, 보트 타기, 낚시, 동물원 나들이, 공원에서 배드민턴 치기, 야구, 소프트볼, 농구 등 가족의 관심사가 무엇이든 정기적으로 이러한 야외 활동 시간을 가져야 한다.

더불어 평상시에 집에서 함께하는 실내 활동을 계획하는 것 또한 중요하다. 여가 시간이면 어김없이 TV 앞에 주저앉아 있는 어린 자녀가 있다면, 일주일에 한 번은 이러한 습관을 끊어 보자. 예를 들어 일주일에 하루는 TV를 틀지 않고 저녁 시간을 보내는 것이다. 이 시간 동안 가족과 함께 책 읽기, 가정 내 프로젝트 하기, 가족 앨범 및 영상 살펴보기 등의 활동을 해 보자. 휴가 계획을 함께 세우거나 집안 청소를 함께하는 것도 좋다. 가장 중요한 것은 함께 시간을 보내는 것이다. 나는 가족 일기를 시작해 보길 추천한다. 자신이 한 일, 간 곳, 본 것, 느낀 것을 일주일에 한 번씩 쓰는 것이다. 가족 일기는 가족의 성장과 자녀의 성장을 확인할 수 있는 멋진 방법이다. 가족 일기를 되돌아보면 그것이 최고의 보물임을 알게 될 것이다. 가족의 역사를 기록하는 재미있는 방법이 또 있다. 바로 녹음을 하는 것이다. 내 친구 한 명은 어린 시절 부모님이 종종 식탁 아래에 녹음기를 숨겨 가족의 대화를 녹음하곤 했다고 이야기해 주었다. 멋지지 않은가? 친구의 가족은 한 자리에 모여 녹음 테이프를 들으며 즐거운 시간을 보냈다. 친구는 성인이 되었음에도 녹음 테이프를 통해 자신의 성장

과정을 돌아보며 가족과의 유대감을 되살린다.

가족과 확고한 유대를 맺고 건강한 관계를 형성하는 방법은 여러 가지가 있다. 내가 제시한 조언은 몇 가지일 뿐이며 당신에게 더 훌륭한 아이디어들이 있을 것이다. 가족에게 더 많은 에너지, 시간, 관심을 쏟을수록 더 많은 사랑과 관심을 돌려받을 것임을 기억하라.

생산적인 하루 일과를 마치고 얻는 가장 큰 만족은 화목한 가정에 돌아오는 것이다. 일과 가정의 균형은 건강하고 행복한 생활 방식의 일부다. 야망은 일과 가정의 균형으로 당신을 안내할 수 있다. 그것을 당신이 추구하는 방향의 일부로 여긴다면 말이다.

THE POWER OF AMBITION

9 장

부는 마음가짐에서
나옴을 상기하라

부는 탐욕이 아니다

야망이 주는 보상을 생각해 보자. 열심히 일하는 것, 밤늦도록 불을 밝히는 것, 끝까지 해내는 것, 규율을 지키며 매일 매주 매월 꾸준히 나아가는 것, 이 모든 노력은 우리에게 무엇을 가져다주는가? 더 정확히 말해서 이처럼 똑똑하게 일해서 얻는 것은 무엇인가? 목표를 설정하고, 게임플랜을 세우고, 목적지에 도달하기 위해 삶을 정비하며, 성찰과 규율의 도구를 이용하는 등 야망의 힘에 대해 8장까지 읽은 내용을 실천했다면 당신이 세운 모든 계획에는 분명

'부_{wealth}'가 포함되어 있을 것이다. 당신은 당신의 계획표에 그럭저럭 먹고 살 만큼 벌고 싶다고 적지는 않았을 것이다. 아마 원하는 특정 금액을 적었을 것이다. 1년에 5만 달러를 벌고 싶다는 사람도 있을 것이고, 1년에 50만 달러 또는 100만 달러를 벌고 싶다는 사람도 있을 것이다. 얼마를 적었는지는 중요하지 않다. 당신은 잠재력을 발휘했을 때 자신이 벌 수 있을 것이라고 생각한 금액 또는 1년, 3년, 5년, 10년 뒤에 벌고 싶은 금액을 적었을 것이다. 그리고 평생 벌어들일 총액까지 염두에 두었을 것이다. 우리는 금전적으로 얼마나 부유해야 하는가? 물론, 가능한 한 부유해야 한다. 하지만 이것이 탐욕을 말하는 것은 아니다.

많은 사람들이 부자가 되는 것의 개념을 이해하는 데 어려움을 겪는다. 부자들은 도덕성이 부족하다, 부자들은 냉혹하다, 부자들은 타인을 배려하지 않는다 등의 인식이 팽배하다. 그러나 이것은 사실이 아니다. 물론 도덕성이 부족하고, 냉혹하고, 타인을 배려하지 않는 부자들도 일부 있으나, 가난한 사람들 중에도 똑같은 특성을 지닌 사람들이 많다. 부패는 부유함에 내재된 문제가 아니라 다른 사람을 희생하여 이득을 얻는 것에 내재된 문제다. 부패는 유해하지만 부는 유해하지 않다. 부는 이런 말로 표현된다. "당신의 재능을 발견하여 그것을 활용하고 관리하라. 그러면 재능과 기술이 당신을 보살필 것이다."

부라는 주제에 대해 깊이 생각할수록 나는 성장하고, 성공하고, 번영하고, 행복을 찾는 것이 우리의 타고난 운명이라고 확고히 믿게 되었다. '부자'와 '부유함'이라는 단어의 오해를 풀기 위해 내가 배운 방법은 다음과 같다. 나는 부유함을 '재정적 독립'이라고 부른다. 재정적 독립은 '자신이 가진 개인 자원에서 비롯된 수입으로 생활할 수 있는 능력'이다. 일부 사람들에게는 부자나 부유함 같은 단어보다 이러한 설명이 받아들이기 조금 더 쉬울 것이다. 그들은 부자가 되려면 사람을 혹사하고, 거짓말을 하고, 가치를 버려야 한다는 잘못된 생각을 가지고 있기 때문이다.

야망이 주는 보상 즉, 야망의 경제학은 자신이 어떻게

살고 싶은지에 바탕을 둔다. 원하는 만큼 부유해지거나 재정적으로 독립하기 위해서는 먼저 스스로 정립해야 할 원칙이 있다. 부자가 되어도 괜찮지만, 그것은 돈을 버는 방법에 따라 달라진다는 점이다. 성공은 다른 사람을 희생시키는 것이 아닌 다른 사람을 위한 것이어야 한다. 모든 사람은 스스로 이러한 원칙을 고려해야 한다.

돈에 대한
자신만의 철학을 세워야 한다

당신이 재정적 독립을 추구한다고 가정하자. 경제적 미래를 바꾸는 것은 당신의 경제 상황이 아니다. 자신의 철학이다. 다음은 나와 한 여성 사이에 있었던 에피소드이다.

"론 선생님, 젊은이들에게 부자가 될 수 있고 재정적으로 독립할 수 있다고 약속해서는 안 됩니다. 요즘에는 전혀 가능성 없는 일이에요. 빚지지 않고 그럭저럭 살아가는 것만으로도 벅찬 세상이란 말입니다."

"아니요. 그렇지 않습니다."

"제 말이 맞습니다. 선생님의 강연을 듣고 선생님의 책을 읽는 모든 사람, 특히 아이들에게 재정적으로 독립할 수 있다고 말하면서 희망을 품게 해서는 안 됩니다. 그들은 애석하게도 환멸을 느낄 겁니다. 부자가 되는 건 요즘 세상에 불가능한 일입니다."

"이런, 제가 다른 방법으로 당신을 설득할 수 있으면 좋겠군요. 이걸 예로 들어 보죠. 한 달에 5,000달러를 버는 부부를 생각할 수 있나요?"

"네. 생각할 수 있어요."

"그 부부는 빚지지 않고 그럭저럭 살아가려면 얼마가 필요하다고 말할까요?"

"아마 전부가 필요할 거예요. 한 달에 5,000달러요."

"그럼 이번에는 한 달에 5,500달러를 버는 부부를 생각할 수 있나요?"

"네, 할 수 있을 것 같아요."

"그 부부가 빚지지 않고 그럭저럭 살아가려면 얼마가 필요하다고 말할까요?"

"전부가 필요하다고 말하겠죠."

"5,500달러를 버는 부부도 전부가 필요하다고 말한다면 추가 500달러를 어떻게 설명할 수 있을까요? 경제 철학에 대한 당신의 판단에는 오류가 있어요. 당신은 그것이 경제의 문제라고 생각하지만, 저는 철학의 문제라고 생각합니다. 5,500달러를 버는 부부가 500달러를 저축하고 5,000달러로 생활한다면 15년 동안 한 달에 500달러씩 투자한 돈으로 재정적 독립을 이룰 수 있을 겁니다. 결정적인 차이는 월급이 아니라 철학이에요."

우리가 사는 세상이 자본주의 사회임을 기억하라

이제 내가 아는 최고의 철학을 살펴보자. 바로 1달러로 할 일이다. 부자가 되고, 영향력을 얻고, 재정적으로 독립하는 것이 괜찮다는 것을 아이들에게 납득시킨 뒤 나는 이렇게 말한다.

"1달러로 할 일이 있어. 먼저 절대 70센트 이상 쓰면 안 돼. 그리고 나머지 30센트는 이렇게 쓰면 좋단다. 우선 1달러 당 10센트를 떼어서 자선단체에 기부하는 거야."

내가 이렇게 말하는 이유는 아이들에게 인성을 가르치기에 관대함보다 좋은 것은 없기 때문이다. 가치 있는 프로젝트를 지원함으로써 아이들은 자신이 받은 축복의 일부를 기부해 자립할 수 없는 사람들을 돕는 것이 삶에서 정말 중요한 일임을 배운다. 이러한 좋은 습관은 금액이 적을 때 시작하는 것이 좋다. 1달러에서 10센트를 기부하기는 쉽지만, 100만 달러에서 10만 달러를 기부하기는 어렵기 때문이다. 큰 금액이 되었을 때에도 자연스럽게 기부할 수 있도록 적은 금액으로 일찍 시작하는 것이 좋다. 이렇게 1달러당 10센트 기부하기를 가르친 다음, 나는 아이들에게 활동 자본에 대해 이야기한다.

"30센트 중 10센트는 활동 자본이란다. 활동 자본은 이익을 내기 위해 쓰는 돈이야."

나는 자전거 두 대가 있다면 한 대는 자신이 타고 한 대는 빌려줄 수 있다는 것을 아이들에게 가르친다. 이것이 자본으로 이익을 만드는 법에 대해 아이들에게 가르치는 방식이다. 아이들은 즐겁게 이러한 개념을 배운다. 이익이 급여보다 낫다. 아이들은 이 점을 알아야 한다. 우리는 정부가 아닌 개인이 돈을 소유하는 자본주의 사회에 살고 있다. 따라서 급여의 일부를 자본으로 전환해 이익을 내는 사업으로 만들어야 한다. 그것은 부동산이 될 수도 있고 다른 것이 될 수도 있다. 사고팔아라. 무엇을 사고팔지는 중요하지 않다. 이익을 내려고 시도하라. 이익 창출, 바로 이것이 자본주의의 핵심이다. 흥미로운 사실은 합법적으로 급여를 벌기 훨씬 전부터 이익을 창출할 수 있다는 점이다. 여기에는 어떤 제한도 없다. 때로는 이익이 급여보다 훨씬 빠르게 늘어날 수도 있다. 급여는 생활비를 벌게 해 주지만 이익은 큰돈을 벌게 해 준다. 현재 급여를 세 배로 올리려면 얼마나 걸리겠는가? 한참 걸릴 것이다. 반면 이익에는 한계가 없다. 이 사실을 이해하고 나자 나는 너무 기쁜 나머지 미칠 지경이었다. 내 친구 한 명은 구매한 자동차로 매번 돈을 벌었다. 자동차를 구매할 때보다 판매할 때의 상태가 항상 더 좋았기 때문이다. 6주, 6개월, 6년, 얼마가 걸리든 언제나 처음보다 더 나은 상태를 남겨야 한다. 기여하고 이익을 남겨라. 모든 사람이 쓰레기가 아닌 이익을 남긴다면 얼마나 멋진 세상이 되겠는가.

1달러당 70센트를 쓰고 나면 30센트가 남는다. 나는 아이들에게 (그리고 성공하고 싶은 모든 사람에게) 남은 30센트 중 첫 번째 10센트는 자선단체에 기부하고, 두 번째 10센트는 활동 자본으로 사용하고, 세 번째 10센트는 수동 자본으로 사용하라고 가르친다. 그러면 원하는 만큼 부유해질 수 있다! 수동 자본은 다른 사람이 자신의 돈을 사용할 수 있게 하는 것이다. 자신은 수동 파트너가 되고, 활동 파트너는 이익을 내기 위해 노력한 뒤 내게 이자를 지급한다. 이러한 방식에서 가장 가치 있는 측면은 바로 '복리'다. 10센트를 수동 자본으로 활용해 보자. 다른 사람이 그 돈을 사용하고 자신에게 이자를 지불하게 하자. 성경 말씀에 "빚진

자는 빌려준 사람의 종이 되느니라."라는 구절이 있다. 정말 훌륭한 개념이다! 아이들에게 이 개념을 가르친 뒤 "어떤 사람이 되고 싶니?"라고 물어보면 아이들은 "빌려주는 사람이 되고 싶어요."라고 말한다. 빌려주는 사람은 힘 있는 위치를 차지한다. 앞으로 힘과 영향력을 갖추고 지배자가 되는 것에 관심이 있다면 돈을 쓰는 사람이 아닌 빌려주는 사람이 되어야 한다.

삶을 변화시키는 이 공식을 지금 바로 적용할 수 없다면, 할 수 있는 것부터 시작해 이상적인 목표를 향해 노력하라. 70, 10, 10, 10 비율은 가장 적합한 목표다. 살을 빼는 것이든, 건강을 증진하는 것이든, 재정을 관리하는 것이든 상관없다. 핵심은 이상적인 목표를 설정하고 그것을 향해 노력하는 것이다.

계좌 관리에 신경 써라

재정적 독립을 이룰 때에는 계좌를 엄격히 관리해야 한다. 재원이 어디에서 오고 어디로 가는지 정확히 알아야 한다. '돈이 다 어디로 가는지 모르겠어.'라는 덫에 빠지지 말고, '돈이 그냥 다 사라졌어.'라는 태도에 빠지지 마라. 모든 계좌의 기록을 엄격히 관리하라. 바로 사용할 수 있는 금융 소프트웨어를 활용하면 아주 쉽게 기록을 관리할 수 있다. 이것은 예금, 수표, 영수증을 입력하는 것만큼이나 쉬우며, 컴퓨터 프로그램이 현재 상태를 정확히 알려줄 것이다. 대부분의 프로그램은 지출 항목을 분류하고 인쇄할 수 있게 해 주며, 이를 통해 돈이 어디에 쓰이는지 항목별로 정확히 알 수 있다. 이러한 지출 내역이 앞에 있으면 무엇을 구매하고 무엇을 낭비하는지 평가할 수 있다. 낭비되는 돈을 펀드에 추가하라. 그러면 원하는 곳에 훨씬 빨리 도달할 것이다.

돈을 대하는
자신만의 태도를 갖춰야 한다

재정적 독립을 추구할 때 중요한 부분이 하나 더 있다. 바로 태도다. 첫 번째는 앞서 말한 돈에 대한 철학이며, 두 번째는 지금부터 말할 돈에 대한 태도다.

선택과 대가의 상관관계를 기억하라

가장 좋은 기본 태도는 민주주의, 자유 기업, 시장, 그리고 자신의 나라에 대해 모든 사람이 대가를 치러야 한다는 점을 아는 것이다. 당연한 이야기지만 나는 납세자이다. "정부는 세금을 제대로 사용하지 않습니다."라고 말하는 사람도 있다. 그게 무슨 상관인가? 그것은 우리의 미래에 어떤 영향도 주지 않을 것이다. 따라서 우리가 부유하고 영향력 있는 사람이 될 기회를 크게 감소시키지도 않을 것이다. 세금이 제대로 사용되든 아니든 달라지는 것은 전혀 없을 것이다. 물론 우리는 투표를 잘해서 가능한 한 나라가 잘 운영되고 공정한 경쟁의 장이 되도록 만들어야 한다. 하지만 그렇게 되지 않는다면 어떻게 해야 하는가? 삶의 기반을 그런 상황에 두어서는 안 된다.

그보다는 자신의 방향을 계획하고, 자신의 삶을 책임져야 한다. 우리는 모두 대가를 치러야 한다. 세금을 납부한 뒤에는 먼저 스스로에게 대가를 지급하라. 30% 또는 자신이 시작할 수 있는 비율을 먼저 챙겨라. 전체 수입에서 그만큼을 제외하고 나머지로 생활하는 법을 배워라. 각종 대금을 지불하기 전에 많든 적든 투자를 하라. 원하는 물건을 추가로 구매하기 전에 자선단체에 기부하라.

내가 아는 한 남성은 하버드 MBA 학위와 MIT 공학 학위를 취득했다. 똑똑한 이 남성은 현재 가장 좋아하는 일을 하고 있다. 바로 학생들을 가르치는 일이다. 그는 대학에서 경제학과 비즈니스 계획을 가르치고 있으며, 경제학 수업에서는 개인 경제학을 함께 다룬다. 그의 수업은 이렇게 시작된다. "지금 어떻게 살고 싶은지, 얼마나 오래 일하고 싶은지, 이 두 가지를 비교해서 결정하세요." 이 질문은 지금 버는 돈을 모두 쓰고 싶다면 더 오래, 더 열심히 일해야 한다는 뜻이다. 반면 지금부터 미래의 재정에 투자한다면 조기 은퇴, 여행, 커리어 지속, 인생 후반부에 새로운 커리어 시작 등을 선택할 수 있을 것이다. 다시 말하지만 모든 것은 선택에 달려 있다. 오늘을 생각하면, 내일 더 나은 삶을 살 수 있다.

돈을 쓸 때는 전략적으로 써라

경제적 미래를 계획할 때 다음으로 생각해야 할 사항이 있다. 바로 신용 카드 사용에 주의하는 것이다. 당신은 아마 신용 카드를 새로 발급하라는 이메일을 수없이 받았을 것이다. 신용 카드를 보유하는 것이 나쁘다는 말이 아니다. 여행을 한다면 현금보다 신용 카드가 안전하고 추적하기도 쉽다. 내가 말하고 싶은 건, 작은 플라스틱 조각으로 무언가를 구매하면 청구서를 받을 때까지 그 영향을 느끼지 못한다는 점을 주의하라는 것이다. 무엇을 사든 청구서를 받고 난 뒤에도 자신이 구매한 것에 여전히 만족할 수 있어야 한다.

뿐만 아니라 대출에도 주의를 기울여야 한다. 대출은 빚을 지는 가장 쉬운 방법이기 때문이다. 빚은 습관적으로 지는 것이 아니라 전략적으로 져야 한다. 사업이 높은 위험을 안고 있다거나, 본인이 막대한 위험과 전략적 부채를 져야 하는 기업가라면 부채를 개인 생활과 분리해 사업에만 국한해야 한다. 물론 이렇게 하기는 어렵다. 자금을 구하는 대부분의 기업가에게 대출 기관이 개인적인 채무 보증을 요구하기 때문이다. 따라서 재산을 계획할 때처럼 부채 또한 계획해야 한다.

인내심을 가져라

재정적 독립을 이룰 때 기억해야 할 사항이 하나 더 있다. 빠르게 부자가 되는 것은 어렵고 천천히 부자가 되는 것은 쉽다는 점이다. 70, 10, 10, 10 비율이든 다른 비율이든 하루아침에 부자가 되지는 않는다. 부를 쌓고 재정적 독립을 이루기 위해서는 시간이 필요하다. 자신의 미래에 매월 조금씩 지속적으로 가치를 더하려면 규율을 지켜야 한다. "중요한 것은 타이밍이 아니라 시간이다."라는 말이 있다. 투자는 시간이 걸린다. 우리는 재정적 독립을 이루는 과정에서 인내심을 가져야 한다. 재정적 독립은 한 번에 작은 단계씩, 작은 이익을 조금씩 얻으면서 이루어진다. 물론, 인내심을 갖는 것은 어려운 일이다. 하지만 야망을 키우고 목표를 달성하는 것처럼 재정적 독립 또한 한 번에 한 단계씩 이루어진다는 걸 명심하라.

그렇다면, 아무 노력 없이 재정적 독립을 얻어 평생 단 하루도 일할 필요가 없는 금수저들은 어떤가? 첫 차는 포르쉐, 첫 집은 대저택, 첫 직장은 아빠의 회사…. 이렇게 부자로 태어난 사람들은 어떤가? 어떤 사람들은 이렇게 말한다. "평생 미친 듯이 매일 일하는 건 불공평해. 정말 불공평하다고! 나는 그만한 돈을 절대 못 벌 거야." 자, 삶에는 공평하지 않은 일들이 있다. 하지만 그것이 나와 무슨 관계가 있는가? 내 목표가 더 큰 재정적 독립을 이루는 것이라면 무엇이 공평하고 무엇이 공평하지 않은지 고민을 멈추고 자신의 목표와 비전을 위해 더 열심히, 더 똑똑하게 일해야 한다. 그들을 앞서게 하는 요인이 아닌, 자신을 방해하는 요인을 조사하라. 자신이 지금 하고 있는 일을 살펴보라. 다른 사람이 아닌 자신을 바라보라. 보잘것없이 커리어를 시작했지만 '될 때까지 해낸다.'라는 단호한 결심으로 꿈꿔 온 것 이상을 이뤄 낸 사람들의 이야기와 사례 그리고 경험은 무수히 많다. 정상에서 태어난 사람들이 아닌 정상에 오르는 길을 찾은 사람들의 경험을 연구하라.

얻는 게 있으면
잃는 것도 있다

올바른 방향으로 나아가고, 잠재 수입을 늘리고, 지출을 줄이고, 저축을 늘리고, 투자하고, 가치 있는 일에 기부하는 등 목표를 향한 다양한 노력과 별개로 우리는 성취를 통해 얻는 이점 외에 실망 또한 겪을 것이다. 할 수 있는 모든 것을 성취했을 때 오는 실망 중 하나는 있던 자리에 그대로 머무는 것을 선택한 사람들에게서 비롯된다. 친구와 가족이 당신의 성취를 비난할 수도 있다. 그들은 당신이 더 나아지고자 노력한다는 이유로 당신을 버릴 것이다. 그리고 뒤에 남아 이렇게 말할 것이다. "잘살게 되더니 이제 우리를 잊었어." 그들은 이보다 더한 말도 할 것이며, 자기들끼리 모여 자신의 평범함을 정당화하기 위해 온갖 이야기를 꺼낼 것이다. 하지만 기억하라. 뒤에 남는 것을 선택한 사람들은 그들의 길, 즉 일반적이고 평범한 길을 택한 것이다.

뛰어난 사람들은 예전 친구들에게 돌아가 우정과 사랑으로 그들을 포용할 수 있기를 원한다. 그들이 틀에 박힌 생활에서 벗어나도록 돕고 희망과 영감의 아이디어를 공유할 수 있기를 항상 바란다. 하지만 그런 일은 거의 일어나지 않는다. 뛰어난 이들과 예전 친구들 사이에는 허무는 것이 거의 불가능한 '질투'라는 큰 벽이 세워지기 때문이다.

자신이 변하면 자신의 삶도 변할 것이다. 자신의 친구들과 자신이 미치는 영향력의 범위 또한 달라질 것이다. 이것은 성취와 야망, 성공의 한 부분이며 목표를 달성할 만한 사람이 되기 위해 끊임없이 변화하는 과정이다.

안주하지 말고
위험을 감수해야 한다

사람들이 야망을 키우지 않고, 더 나아지기 위해 노력하지 않고, 가능한 한 최고가 되지 않는 데에는 여러 이유가 있지만 가장 큰 이유는 하나다. 바로 위험이다. "위험이 없으면 보상도 없다."라는 옛말이 있다. 인생에서도 아마 마찬가지일 것이다. 위험은 개인의 결정이다. 자신의 삶과 미래 그리고 돈에 대해 어느 정도의 위험을 감수할 수 있는지 결정해야 한다.

　야망에는 여러 유형이 있으며 각 유형에 따른 보상이 있다. 영업 사원의 야망은 관리자의 야망과 다르며, 관리자의 야망은 기업가의 야망과 다르다. 기업가의 야망은 예술가나 과학자 또는 선생님의 야망과 다르다. 야망의 수준이 다르면 위험의 수준과 보상의 수준 또한 달라진다. 영업 사원은 관리자나 전문 직원보다 위험을 더 잘 처리할 수 있을 것이다. 위험이 높을수록 잠재 수입 또한 높아진다. 기업가는 훨씬 더 위험 지향적일 것이며, 그들은 그래야 한다. 기업가의 야망은 꿈을 이루기 위한 시도에서 모든 것을 잃을 수도 있는 위험을 압도해야 한다. 미국의 석유 사업가 존 D. 록펠러John D. Rockefeller는 매우 검소한 습관을 가졌지만 부채에 투자하는 위험, 동료를 문 닫게 만드는 위험 등 큰 위험을 기꺼이 감수했다. 그는 1839년부터 1937년까지 살았으나 여전히 현대 역사상 가장 부유한 사람 중 한 명으로 여겨진다. 그의 삶은 그야말로 무일푼에서 거부가 된 이야기다.

야망의 수준은 위험을 감수할 수 있는 능력과 같을 수도, 같지 않을 수도 있다. 대부분의 사람들은 성공에 도달하기 위해 겪는 많은 실패를 감당하지 못한다. 아무리 야심찬 사람이라 해도 위험한 야망을 따를 수 있는 끈기, 배짱, 인내심을 가진 사람은 극소수에 불과하다. 야망의 수준이 어느 정도든, 위험의 수준이 어느 정도든 실패를 극복하고 최종 결과를 얻으려는 규율, 즉 끝까지 시도하려는 규율이 항상 있어야 한다. 미국의 의학자 조너스 소크(Jonas Salk)는 폴리오 백신(소아마비 백신)을 개발할 때까지 실패를 거듭하며 계속 연구했다. 이처럼 자신의 야망이 어떤 수준이든 그것을 이룰 때까지 계속 실행해야 한다.

재정적 독립을 위한 계획을 세우고 수입의 70%로 생활한다는 이상을 향해 노력할 때, 첫 번째 단계는 계획을 정의하는 것임을 기억하라. 지금은 이상적이지 않겠지만 첫걸음을 내딛고 있다는 것을 명심하라. 계획에 따라 오늘 저축한 돈은 내일 재정적 독립을 이루는 데 도움이 될 것이다. 야망의 결과이자 야망의 보상인 재정적 독립을 이루면 원하는 곳에 살 수 있고, 하고 싶은 일을 할 수 있고, 가고 싶은 곳에 갈 수 있고, 타고 싶은 차를 탈 수 있고, 지지하고 싶은 이상을 지지할 수 있다. 전에 몰랐던 자유가 당신을 따라온다. 재정적 독립은 선택의 자유를 가져온다. 부자가 되어도 괜찮다. 성공해도 괜찮다. 다른 사람을 희생시키는 성공이 아닌 다른 사람을 위한 성공이라면 말이다.

THE POWER OF AMBITION

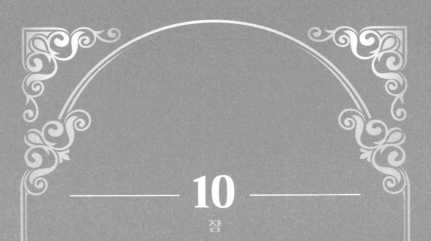

10
장

성공과 실패의
상관관계를 이해하라

진정한 실패는
시도하지 않는 것이다

성공은 자신의 계획을 실행하며 자신이 수립한 개인적 목표를 향해 꾸준히 나아가는 것이다. 그렇다면 실패는 무엇인가? 프로젝트를 추진했다가 초라한 결과로 끝난 것이 실패인가? 신제품을 내놓았다가 시장에서 처참히 망한 것이 실패인가? 자녀에게 할 수 있는 최선을 다했으나 매우 개인적인 방식으로 자녀가 부모를 실망시키는 것이 실패인가? 물론 아니다. 성공하지 못한 일에 마음, 영혼, 에너지를 쏟았다고 해서 실패한 것은 아니다. 진정한 실패는 전혀 시도하지 않는 것이다. 성공이 자신의 개인적 목표를 향해 꾸준히 나아가는 것이라면 실패는 전혀 나아가지 않는 것, 즉 시도조차 하지 않는 것이다. 성공과 실패는 언제나 서로 연결되어 있다. 성공과 실패는 야망과도 항상 연결되어 있다. 성공은 실행하는 것이며 실패는 실행하지 않는 것임을 기억하라. 너무나 간단하다.

세계적으로 유명한 작가이자 경영 전문가인 톰 피터스 Tom Peters는 "오늘날 심각한 문제에 처하는 방법은 단 한 가지다. 시도하지 않고, 실패하지 않고, 최선을 다하지 않는 것이다."라고 말했다. 성공은 실행하는 것이다. 우리는 실제로 행동해야 한다. 행동은 자원, 기술, 지식, 재능 등 우리가 가진 것을 최대한 활용하는 삶의 과정에서 우선순위를 지닌다. 즉 성공은 우리가 가진 것을 최대한 활용하기 위해 노력하는 행동이다.

영국의 전 총리 벤저민 디즈레일리 Benjamin Disraeli는 "분명한 목적에 자신의 존재마저 걸고자 하는 인간의 의지를 거스를 수 있는 것은 아무것도 없다."라고 말했다. 이 얼마나 강력한 말인가. 우리는 앞서 결심, 즉 '끝까지 해내는 것'에 대해 이야기했지만 결심에는 또 다른 의미가 있다. 바로 '나는 하겠다I will'의 의미다. '할 수 있을 것이다could', '아마 할 것이다should', '하지 않을 것이다won't'는 불행을 가져오는 공식이다. 반면 '할 수 있다can', '한다do', '하겠다will'는 부를 가져오는 공식이다. '나는 할 수 있다I can', '나는 한다I do', '나는 하겠다I will' 중 영어에서 가장 강력한 두 단어가 바로 '나는 하겠다I will'이다. 어떤 사람이 "나는 그 산을 오르겠어." 라고 말한다. 사람들은 "그 산은 너무 높아. 너무 힘들어. 너무 험난해. 아무도 올라간 적이 없어."라고 말한다. 그러자 그 사람은 다시 이렇게 말한다. "이봐, 그건 내가 올라갈 산이야. 내가 올라갈 거라고. 머지않아 정상에서 손을 흔들거나 한쪽에 지쳐 쓰러진 나를 보게 될 거야. 난 정상에 올라갈 때까지 내려오지 않을 거거든." 얼마나 강력한 의지가 담긴 말인가.

몇몇 연구에 따르면, 가장 큰 성취를 이룬 사람들은 실패가 가장 적었던 사람들이 아닌, 실패에 대한 두려움이 가장 적은 사람들이었다. 그들은 성공한다는 보장이 없음에도 불구하고 기꺼이 도전하며 언제가 될지, 어디가 될지 확신하지 못하지만 끝까지 밀고 나간다.

성공과 실패는 밀접한 관련이 있지만 많은 사람들은 실패를 받아들이지 못한다. 그들은 실패가 나쁜 단어이며 안 좋은 의미를 내포한다고 생각한다. 실패가 디딤돌이 아닌 최종 결과라고 여기는 것이다. 하지만 많은 경우 성공에는 실패가 필요하며, 때로는 여러 번의 실패가 필요하다. 모든 과학적 발견에는 한 번의 성공이 있기까지 수십, 수백 번의 실패가 있었다. 실패 없이는 기회를 창출할 수 없다. 실패 없이는 성공도 있을 수 없다.

성공은 숫자로
표현할 수 있어야 한다

성공은 무엇으로 측정하는가? 자신이 정말로 성공했는지 어떻게 알 수 있는가? 특히 자신의 성공이 다른 사람의 성공과 매우 다른 경우 어떻게 알 수 있는가? 성공은 결과, 즉 합리적인 시간 내에 확인 가능한 진전을 이루는 것으로 측정한다. 따라서 시간을 합리적으로 고려해야 한다. 시간을 비합리적으로 적용하지 말고 인내심을 가져야 한다.

그렇다면 진전의 척도로서 결과를 물어보기에 합리적인 시간은 언제인가? 바로 하루가 끝날 때다. 편지를 쓰거나 자녀와 대화를 나누는 등의 진전을 이루지 못한 채 하루를 넘기지 마라. 중요한 일을 하루 이상 연기하지 마라. 직장에는 하루 안에 끝내야 하는 프로젝트들이 있다. 건강에 관련된 규율에는 매일 필요한 사항들이 있다. "열흘 뒤에 사과 아홉 개를 먹겠어."라고 해서는 안 된다. 하루에 사과 한 개가 적당하다. 자정이 되기 오 분 전, 매일 먹는 사과를 먹지 않았다는 것이 생각나면 사과를 먹고 할 일을 끝내야 한다.

다음으로 합리적인 시간은 일주일이다. 어떤 일들은 일주일 안에 끝내야 한다. 일주일은 충분한 시간이다. 자신이 어떻게 실행하고 있는지, 어떤 진전을 이루었는지 측정하지 않은 채 일주일을 넘기지 마라. 이야기 하나를 해 보자. 존은 월요일에 소규모 판매 회사에 취직했다. 그는 시장에서 친분을 쌓기 위해 첫 주에 거래처 열 곳을 방문해야 했다. 금요일에 상사가 존에게 "거래처를 몇 군데 방문했습니까?"라고 묻는 것은 합리적인가. 그렇다. 측정 가능한 진전을 물어보기에 합리적인 시간이다. 존은 이야기를 시작한다. 그러자 상사는 이렇게 말한다. "존, 이야기는 필요 없어요. 저는 단지 숫자가 필요합니다." 숫자는 모든 것을 말해 준다. 이것은 개인적 측면에서도 마찬가지다. 성공은 숫자 게임이다. 이와 관련하여 스스로에게 해야 할 중요한 질문 세 가지가 있다.

- 일을 하는 동안 얼마를 저축하고 투자했는가?
- 지난 3개월 동안 마음의 기적에 투자하고, 숙고할 아이디어를 얻고, 세심하게 미래를 설계하기 위해 몇 권의 책을 읽었는가?
- 지난 6개월 동안 자신의 미래와 가족을 위해 기술을 향상시킬 수 있는 수업이나 새로운 기술을 개발할 수 있는 수업을 몇 개나 들었는가?

성공을 측정하기 위해서는 합리적인 시간 동안 진전을 이루어야 한다. 또 숫자를 살펴보고 어떻게 실행하고 있는지 파악해야 한다. 신생아의 몸무게를 얼마나 자주 측정해야 하는가? 내년 봄, 다음 달? 아니다. 내년 봄이나 다음 달까지 기다려서는 안 된다. 아기의 체중이 늘어나는지 줄어드는지 확인하고 건강히 성장할 수 있도록 돌보려면 일주일에 한 번씩 체중을 재야 한다. 기업의 건전성을 확인하기 위해 회계 장부를 얼마나 자주 확인해야 하는가? 어떤 사람은 "저희는 2년 안에 모든 회계 장부를 확인할 겁니다."라고 말한다. 하지만 그때쯤이면 사업을 접었을 것이다. 라스베이거스의 대형 도박장들은 재무제표를 종합해 하루에도 몇 번씩 현황을 확인한다. 그 이유는 무엇인가? 너무 많은 일이 일어나고 있어서 엄격한 회계 관리가 필수이기 때문이다. 이렇듯 숫자를 알아야 한다. 다른 사람이 아닌 자신이 맡아 스스로 숫자를 관리하는 법을 배워라.

당신은 자신의 삶, 건강, 결정에 대해 스스로 책임져야 한다. 숫자에 책임지고 세심한 주의를 기울이지 않는 사람들과 어울리지 마라. 체중계처럼 줄어야 하는 숫자도 있고 서재의 책처럼 늘어야 하는 숫자도 있다. 자신의 모든 숫자를 진지하게 살피고 충분히 고려할 때까지 만족하지 마라. 누군가가 나타나서 자신에게 책임을 물을 때까지 기다리지 마라. 우리는 스스로를 책임져야 한다. 가장 중요한 것은 결과다. 숫자를 확인하자. 최고 수치에 미치지 못한다면 어떤 것이든 만족하지 마라. 그리고 스스로에게 질문하라. 지난 며칠 동안 배우자와 자녀를 몇 번이나 안아주었는가? 다이어트를 위해 지난 며칠 동안 식사 자리에서 디저트를 몇 번이나 거절했는가? 프로젝트를 함께하는 동료에게 몇 번이나 감사의 말을 했는가? 지난 3개월 동안 판매 목표를 몇 번이나 달성했는가? 고용주가 성과를 축하하기 위해 몇 번이나 전화를 했는가?

슬픔을 나누면 반이 된다

지금 당장 결과가 좋지 않다면, 힘든 시기를 겪으면서 다음에 무엇을 해야 할지 확신할 수 없다면 어떻게 해야 할까? 나는 여러 세미나와 강의에서 강연을 하고, 책을 쓰고, 오디오 프로그램을 만든다. 이를 통해 나 자신을 격려하고, 동기를 부여하고, 성공의 숫자를 늘린다. 이러한 활동은 내가 이야기를 하고 싶어서도, 돈을 벌기 위해서도 아니다. 사람은 다른 사람을 가르칠 때 언제나 가장 큰 교훈을 얻기 때문이다.

우울한 기분에서 벗어나는 가장 좋은 방법은 무엇인가? 다른 사람들과 우울함에 대해 이야기하는 것이다. 정신적 슬럼프에서 벗어나는 가장 좋은 방법은 무엇인가? 다른 사람들과 정신적 슬럼프에 대해 이야기하는 것이다. 자신의 문제를 해결하는 가장 좋은 방법은 무엇인가? 다른 사람들과 그 문제에 대해 이야기하는 것이다.

다른 사람들과 우울함, 슬럼프, 문제에 대해 이야기하면 자신이 하는 놀라운 말을 듣게 된다. 즉, 자신이 쌓은 모든 지식이 다른 사람에게 도움이 되는 것을 듣게 된다. 그리고 그 지식을 다시 들으면서 궁극적으로 자신 또한 도움을 얻는다. 이것은 틀림없다. 자신을 위해 자원을 활용하는 것보다 다른 사람을 위해 자원을 활용하는 것이 더 쉬운 경우가 많다.

바닥을 쳤다는 건
올라갈 일만 남았다는 뜻이다

때로는 패배가 가장 좋은 시작이 되기도 한다. 어째서인가? 우선 가장 밑바닥에 있다면 갈 길은 하나뿐이다. 바로 올라가는 것이다. 정신적으로, 재정적으로 속수무책이 되면 자신의 내면 깊은 곳까지 도달해 기적을 끌어내고, 재능을 끌어내고, 능력을 끌어내고, 욕망과 결단력을 끌어낼 만큼 현재 상황에 대한 혐오감을 느끼게 된다. 완전히 파산하거나 비참한 상황에 처하면 결국 혐오감을 느껴 모든 것을 개선하는 데 반드시 필요한 기본 요소인 '변화'를 꺼내게 된다. 역경에 직면하면 상황이 변하기 시작하고 자신도 변하기 시작한다. 자신의 삶을 바꾸기에 충분한 혐오감, 욕망, 결단력이 생기면 "역경은 이걸로 충분해. 됐어. 이제 그만!"이라고 말하게 될 것이다. 그리고 바로 거기에서 기적이 시작된다. 이러한 생각과 말은 시간, 운명, 상황, 야망의 힘을 뒤흔든다. 그리고 이내 이것들이 합쳐

져 성공을 향해 올라갈 것이다! 결심, 영감, 결단력이 혐오감을 뚫고 자신을 기다리는 기회의 문과 창을 활짝 열어 줄 것이다.

하지만 많은 사람들이 자신을 바꾸지 못한다. 그들은 변화가 일어나고, 상황이 바뀌고, 정부가 바뀌고, 삶이 바뀌기를 기다린다. 기다리면 무엇이 바뀌는가? 바뀌는 것은 별로 없다. 불행한 이 사람들은 패배를 받아들이고 자기 연민에 빠져 지낸다. 그 이유는 무엇인가? 그들이 그러한 상황을 통제하려 하지 않기 때문이다. 그들은 자신의 삶, 커리어, 건강, 관계, 재정을 통제하려 하지 않는다. 그들은 통제와 책임을 거부하고 변화를 시작할 만큼 혐오감을 느끼는 것 또한 거부한다.

혐오감을 느끼고 있다면, 변화를 시도하고 있다면, 개인적인 슬럼프에 빠져 있다면 마지막으로 제안할 중요한 조언이 있다. 바로 현재 상황은 일시적이라는 점이다. 누군가 내게 실패에 대해 "이 또한 지나가리라."라고 스스로에게 말해야 한다고 제안한 적이 있다. 나는 부정적인 일, 실패, 실망이 우리가 감당할 수 있을 만큼만 주어진다고 굳게 믿는다. 그러므로 명심하라. 새로운 시작에 뛰어든다면, 스스로를 다잡고 계획을 세워 다시 세상으로 나아간다면 이 또한 지나갈 것이다. 당신은 실패한 것처럼 보이는 상황에서 성공으로 반등할 것이다.

어리석게 들릴지도 모르지만 현재의 한계나 실패는 위대함을 창조하는 토대이므로 감사하게 여겨야 한다. 당신은 원하는 곳에 갈 수 있고, 원하는 일을 할 수 있고, 원하는 사람이 될 수 있다. 바로 지금, 당신이 있는 이곳에서부터 모든 것을 할 수 있다.

한 아버지가 매우 힘든 시기를 겪고 있는 자신의 딸에 대해 이야기했다. 대부분의 부모는 그러한 상황을 당황스러워하겠지만. 이 아버지는 그저 미소를 지으며 딸이 마치 '크림 병 속의 개구리' 같다고 표현했다. 병 속 개구리는 탈출을 위해 발차기를 거듭한다. 그 발차기에 크림은 단단한 버터로 변하고, 이내 개구리는 버터를 발판 삼아 병 밖으로 나온다. 딸이 처한 상황 또한 그렇다는 뜻이다. 이것은 끈기에 대한 새롭고 흥미로운 시각이자 실제 작동하는 방식이다.

우리는 계속해서 노력하고, 노력하고, 또 노력해야 한다. 끝까지 해낼 만큼 확고한 결심이 있어야 한다. 따라서 역경에 감사하고 그 역경이 자신에게 불리한 요인이 아닌 유리한 요인으로 작용하도록 만들어야 한다. 실패를 성공적인 미래로 나아가는 발판으로 삼아라. 장기적인 고통이 아닌 큰 기회를 만들어 내라. 혐오감을 우울증이 아닌 영감으로 이끌어라.

세상은 우리를 방관하며 빈털터리로 혼자 죽을 때까지 슬픔에 빠져 있도록 내버려둘 것이다. 하지만 우리가 목표를 달성하기 위해 계속 나아가는 것을 선택한다면 세상은 한 걸음 물러나 우리를 너그럽게 봐줄 것이다. 현재 상황은 일시적인 상태일 뿐이라고 판단하고 다시 일어나겠다고 결심하면 세상은 우리가 지나가는 것을 지켜볼 것이다. 세상은 우리가 어떤 길을 택하든 상관하지 않으며, 우리를 멈추게 하지도 않을 것이다. 세상은 우리를 신경 쓰지 않는다. 따라서 모험에 도전하려면 스스로를 충분히 신경 써야 한다.

다른 사람이 아닌
자기 자신을 바꿔야 한다

이제 한 가지 생각을 더 살펴보자. 이것은 세상에 큰 변화를 가져올 수 있는 중요한 생각이다. 바로 성공은 '자신이 어떤 사람이 되는가'에 의해 좌우된다는 것이다. 이것을 깨달은 뒤 나는 모든 운영 방식을 바꾸었다. 성공은 추구하는 것이 아니다. 우리가 추구하는 것은 보통 나비처럼 우리를 피해 가며, 우리는 잡을 수 없는 것을 좇게 된다. 성공은 '자신이 어떤 사람이 되는가'에 의해 자석처럼 끌어당겨지는 것이다.

매력적인 사람들을 끌어당기고 싶다면 자신이 매력적

이어야 한다. 영향력 있는 사람들을 끌어당기고 싶다면 자신이 영향력을 갖추어야 한다. 헌신적인 사람들을 끌어당기고 싶다면 자신이 헌신적이어야 한다. 다른 사람을 설득하고 변화시키려 애쓰는 대신 자신을 바꾸고자 노력하라. 업무보다 자신을 위해 더 열심히 노력하라. 자신이 변화하면 원하는 것을 끌어당길 수 있다. 핵심은 자신을 가치 있게 만드는 것이다. 핵심은 자신을 매력적으로 만드는 것이다. 핵심은 자신을 숙련되고, 유능하고, 적극적이고, 영향력 있고, 독특하고, 세련되고, 교양 있고, 관리 능력이 있고, 통제력이 있고, 건강하게 만드는 것이다.

멋진 미래를 만들기 위한 열쇠는 자기 계발이다. 스스로 줄 수 있는 최고의 선물은 최고의 사람이 되기 위한 자기 투자이다. 자신이 열 배 더 현명해지고, 강해지고, 유능해진다면 성공에 어떤 도움이 될지 생각해 보자. 자신이 성장하면 자신의 미래에 어떤 도움이 될지 생각해 보자. 자기 계발은 성공을 가져오고, 자기 투자는 존경을 가져온다. 자신의 미래에 점점 더 나은 투자를 할 수 있는 유일한 방법은 더 나은 사람, 더 강한 사람, 더 현명한 사람, 더 유능한 사람이 되는 것이다. 더 매력적인 사람이 될수록 더 많은 성공을 끌어당긴다. 즉 자기 계발과 자기 투자는 성공을 끌어당긴다. 이것은 강력한 힘이다.

이와 반대로 안타까운 상황을 살펴보자. 수입은 늘어나는데 정신적, 육체적, 영적으로 성장하지 못하는 경우다. 수입이 급격히 늘어났지만 늘어난 수입을 관리하는 법을 알만큼 성장하지 못했다면 그 수입은 결국 사라질 것이다. "어떤 사람이 당신에게 100만 달러를 준다면, 백만장자처럼 능력을 키워 그 돈을 지킬 수 있게 되는 것이 가장 좋다."라는 말이 있다. 이처럼 성공은 무능한 사람 곁에 머무르지 않는다. 즉 재산이 사람보다 더 큰 것이 아니라, 사람이 재산보다 더 커야한다.

당신이 부모라면, 자녀 양육을 개인적으로 성장할 수 있는 도전으로 삼아라. 양육을 성장하기 위한 도전으로 삼아 자신이 어떤 사람이 될 수 있는지 확인해 보자. 자기 계발을 통해 지금보다 더 나은 사람, 더 강한 사람, 더 현명한 사람이 되는 것이다. 자녀가 성장함에 따라 부모도 성장한다. 부모의 능력, 영향력, 지혜, 언어 구사력이 성장한다.

이것은 직장이나 비즈니스에서도 마찬가지다. 자신을 성장시키는 상황에 참여하는 것은 도전적인 일일 수 있다. 하지만 현명한 결정을 내린다면 경력, 비즈니스, 평판 등 모든 면에서 재산보다 더 큰 성장을 지속할 것이다. 특정 상황에서 실패를 겪고 있다면 자신이 문제보다 더 커질 때까지 계속 성장하라. 계속 성장하고, 계속 더 나은 사람이 되고, 계속 끝까지 해내라.

성공 가능성을 높이는
두 가지 자질

성공 가능성을 높일 수 있는 두 가지 자질이 있다. 바로 '인내'와 '끈기'다.

인내

인내는 시간의 흐름을 다루는 법을 배우는 것이다. 성공하려는 욕구가 있고 성공을 향해 나아가기 시작했다면 시간의 흐름을 다루는 법을 배워야 한다.

기업이라는 하나의 예술 작품을 만드는 데에는 시간이 걸린다. 삶을 일구는 데에도 시간이 걸린다. 기업을 세우고, 학교를 졸업하고, 발전과 성장을 이루는 데에도 시간이 걸린다. 따라서 기업에 시간을 들이고, 비즈니스에 시간을 들여야 한다. 기업의 경영진이라면 직원들에게 시간을 주어라. 부모라면 자녀에게 시간을 주어라. 너무 재촉하거나 서두르지 말고, 무한한 시간이 아닌 충분한 시간을 주어라.

궁극적인 도전은 자기 자신에 대해 인내심을 갖는 것이다. 습관과 규율을 바꾸려면 시간이 걸린다. 오래된 판단 오류를 바로잡고, 오래된 비난을 멈추고, 새로운 책임을 받아들이려면 시간이 걸린다. 나 또한 시간이 걸렸다. 나는 정부를 탓하고, 세금을 탓하고, 회사를 탓하고, 시장을 탓하곤 했다. 그 모든 것을 그만두는 데에는 오랜 시간이 걸렸다. 텅 빈 계좌, 주머니에 든 동전 몇 푼, 아무것도 없는 은행, 잘 풀리지 않는 상황, 이런 것은 내가 처한 현실에 대한 부끄러움을 설명하기에 매우 좋은 핑계였다. 그런 핑계를 멈추고 내 자신에게 온전히 책임을 돌리는 데에는 시간이 걸렸다. 그것도 꽤 오랜 시간. 당신은 이를 인지하고 인내심을 가져야 한다.

끈기

끈기는 지속하는 것을 의미한다. 끈질기게, 집요하게, 끝까지 계속해야 한다. 인내와 끈기가 있는 한 성공할 수 있다. 그렇기에 우리는 인내와 끈기가 모두 필요하다.

끈기는 인내심을 발휘하는 것이다. 끈기는 창의적이며 항상 새로운 기회를 찾는다. 끈기는 용감하며 두려움에 굴복하지 않는다. 끈기는 희망적이며, 좌절하지 않게 해 준다. 끈기는 긍정적이며, 계획과 목표를 순조롭게 진행하도록 해 준다. 끈기는 우울하지 않고 활기차며 우울, 침체, 실망이 에너지를 낭비한다는 것을 알고 있다. 쾌활함은 에너지를 창출한다. 다시 한번 말하지만 성공을 위해서는 인내와 끈기가 모두 필요하다.

야망이 커지고, 움직이고, 새로운 성공 방법을 찾는 동안 조급함은 좌절감을 키우는 경향이 있다. 조급함은 인내를 허용하지 않으며 포기를 원한다. 조급함은 낙담과 실패를 불러오지만 야망은 우리가 쉽게 포기하도록 내버려두지 않는다. 다른 사람들은 실패라고 부르겠지만 야망은 그것을 배움의 기회, 계획을 조정해 성공으로 향할 수 있는 계기라고 부른다. 야망은 성취를 이루는 데 오래 걸릴수록 가치가 더 크다는 것을 알고 있다.

인내심을 갖추기 위한 여섯 가지 방법
① 언제가 최적의 기회이고 언제 더 많은 준비가 필요

한지 파악한다

 신선한 해산물 전문 식당을 창업한다고 하자. 당신은 돈이 나갈 수도 있다는 생각은 하지 않은 채, 식당을 열어 돈을 벌 생각만 하고 있다. 매우 흥분한 당신은 식당을 빨리 열고 싶은 조급한 마음이 가득하다. 당신은 예정된 개장일보다 빨리 식당을 연다. 손님들이 들어오기 시작하고, 그들은 새롭고 근사한 식당에 기대감을 안고 있다. 손님들이 모두 신선한 해산물을 주문한다. 이제 당신은 어쩔 줄 모르고 허둥댄다. 해산물이 하나도 준비되어 있지 않기 때문이다. 신선한 해산물은 일주일 뒤에나 배송될 것이다. 결국 조급함이 식당을 망하게 하고 말았다.

 몇 개월 후 출시될 예정인 훌륭한 신제품이 있다고 하자. 모든 것이 계획에 따라 진행되고 있으며, 당신은 광고와 대규모 홍보 행사를 계획하기 시작한다. 당신은 신제품 출시를 확신하고 날짜를 정한다. 엔지니어는 제품이 준비되지 않았다고 말했지만, 당신은 준비될 것이라고 확신한다. 그리고 모든 계획을 세우며 인플루언서와 잠재 구매자

등 많은 사람들을 행사에 초대한다. 당신은 매우 들뜬 나머지 제품이 완성되지도 않은 상황에서 일을 진행한다. 성대한 공개 행사가 열리는 주에 엔지니어가 찾아와 제품이 아직 완성되지 않았다고 말한다. 결국 당신은 조급함 때문에 시장에서 신뢰를 잃고 말았다.

이처럼 가장 중요한 것은 인내심을 갖고 언제가 최적의 기회이며 언제 더 많은 준비가 필요한지 아는 것이다.

② 당장 기회가 오지 않는다 해도 경계를 늦추지 않는다

인내심을 갖고 계속 상황을 주시하며 기회에 대비할 수 있어야 한다. 인내심을 갖고 계속 살펴보라.

③ 일이 지연되더라도, 다가올 기회에 지속적으로 대비한다

일이 생각한 대로 진행되지 않더라도 실망하지 말고 계속해서 기회에 대비하라. 항상 준비하라. 조급한 마음에 포기하지 마라.

④ 약간의 차질이 생겨도 침착하게 대처한다

작은 실망에 좌절하지 마라. 작은 성공에 현혹되지 마라. 언제나 계획을 방해하는 감정의 롤러코스터를 방지하라.

⑤ 자신이 통제할 수 없는 일에 좌절하지 않는다

다른 사람의 의사 결정 능력을 통제할 수는 없다. 다른 사람의 타이밍 또한 통제할 수 없다. 한 회의에서 자신의 프로젝트가 상정되었으나, 시간이 부족해 다음 회의의 첫 번째 안건으로 미뤄졌다면 인내심을 갖고 기다려야 한다. 자신이 통제할 수 없는 일에 좌절하지 마라.

⑥ 야망에서 벗어나 휴식을 취한다

매일, 매주, 매달 쉼 없이 일하고 있다면 야망에서 벗어나 휴식을 취하라. 인내심이 있고 확고한 야망을 지닌 사람들은 잠시 휴식을 취한 뒤에도 추진력과 야망이 그대로 있을 것임을 알고 있다. 재충전의 시간을 보내고 돌아오면

야심찬 계획이 그 어느 때보다 강력한 견인력을 발휘할 것
이다.

우리는 성공과 실패가 복잡하게 얽혀있음을 기억해야
한다. 실패가 없으면 결코 성공의 진가를 알 수 없다. 그리
고 많은 경우 실패 없이는 결코 성공할 수 없을 것이다.

THE POWER OF AMBITION

11
장

야망 그 이상의
존재임을 기억하라

야망은 수단일 뿐,
나라는 사람 자체가 아니다

우리는 야망 그 이상의 존재다. 이것은 야망의 힘에 관한
이 책에서 가장 중요한 문장임에 틀림없다. 우리는 야망
을 섬기는 존재가 아닌 야망 그 이상의 존재다. 야망은 우
리에게 도움이 되어야 한다. 야망을 섬긴다면 우리는 야망
보다 못한 존재가 된다. 야망이 우리에게 도움이 될 수 없
다면 야망을 통해 이끌어 내고, 성장하고, 유지할 수 있는
어떤 자원도 없을 것이다. 그뿐만 아니라 힘, 규율, 독창성,

창의성을 담을 수도 없을 것이다. 야망을 섬긴다면 야망이 약해질 것이며, 무엇도 야망을 되살리고 보충할 수 없을 것이다. 그렇다면 어떻게 야망이 우리에게 도움이 되도록 만드는가?

우선 야망을 키우기 위한 방법과 원칙, 즉 야망이 우리에게 도움이 될 수 있도록 우리가 계속해서 노력해야 할 근본 철학을 다시 검토해 보자. 이들 구성 요소는 훌륭하고 확고한 야망의 기초를 다지는 데 도움이 되므로 한 번 더 살펴보는 것이 좋다.

• 자기 주도

긍정적 자기 주도는 "나는 내가 어떤 사람이며 어디로 가고 싶은지 알고 있다. 원하는 곳에 도달하기 위해 계획에 따라 노력하고 있다."라는 말로 표현된다. 우리는 긍정적 자기 주도를 통해 지식, 경험, 감정, 철학을 쌓는다. 또 어디로 가고 싶은지, 어떻게 가고 싶은지, 어떻게 꾸준히 나아가는지 결정하는 데 도움이 되는 모든 정보를 수집

한다.

· **자립심**

자립심은 내 삶에 책임을 지는 것, 내게 일어나는 모든
일에 책임을 지는 것, 지난 행동의 결과를 받아들이는 것,
바꿀 수 있는 것을 바꾸는 것, 책임을 지는 것, 다른 사람들
과 협력하는 것, 시장에 최고의 가치를 제공하기 위해 최
선을 다하는 것, 자립적이고 책임 있게 행동하는 것이다.

· **자기 규율**

이것은 여섯 가지 원칙 중, 후회의 고통 속에서 사는 것
을 막아 줄 가장 강력한 원칙이다. 몇 그램에 불과한 규율
의 무게는 몇 톤에 달하는 후회의 무게, 즉 후회의 고통보
다 훨씬 가볍다. 매일 실천하는 작은 규율은 세상을 변화
시키고, 건강과 부를 변화시키며, 우리의 오늘을 변화시킬
것이다. 일상적으로 실천하는 일관된 자기 규율은 우리의
내일 또한 변화시킬 것이다.

· 진취성

진취성은 적극적인 마음으로 상황을 주시하는 것, 기회를 인식하여 포착하는 것, 지속적으로 기회를 창출하는 것, 주변의 기회를 활용할 수 있도록 규율을 지키고 준비하는 것이다. 진취적인 태도는 "행동을 취하기 전에 상황을 파악하라. 해야 할 일을 완수하고 필요한 것을 조사하라. 준비를 갖추고 기지와 수완을 발휘하라. 필연적으로 다가올 일에 대비하여 할 수 있는 모든 것을 하라."라는 말로 표현된다.

· 협력

야망을 키우는 다섯 번째 원칙은 다른 사람들과 협력하는 것, 스포트라이트를 공유하는 것, 자존심을 내세우지 않고 다른 사람에게 공을 돌리는 것, 다른 사람을 배려하며 친절한 말과 사려 깊은 제스처 그리고 도움의 손길을 제공하는 것으로 나타난다. 국가는 한 사람에 의해 건설될 수 없다. 회사는 한 사람으로 설립될 수 없다. 가족은 한 사람으로 이루어질 수 없다. 우정은 한 사람의 노력만으로 쌓을 수 없다. 각자는 성공을 위해 모두가 필요하다. 우리 각자는 목표를 이루고 과업을 완수하기 위해 다른 사람들과 일하는 법을 배워야 한다.

• 자기 인정

우리는 자신이 내린 결론, 자신이 계획한 인생의 항해, 자신이 채택한 철학, 자신만의 방법, 자신만의 스타일, 자신만의 성공 모델을 인정하고 받아들여야 한다. 성공은 자신의 개인적 목표를 향해 꾸준히 나아가는 것이며, 자기 인정은 그러한 목표를 향해 나아가는 과정에서 매우 중요한 요소이다.

이에 더해 우리는 일과 개인 생활의 균형을 찾는 법, 야망의 보상(부자가 되어도 괜찮다는 사실)을 이해하는 법, 성공과 실패가 동일한 과정의 일부임을 이해하는 법 또한 알아보았다.

이 책에서 다루는 모든 내용을 꾸준히 실천하면 야심찬 삶의 세 가지 토대인 집중력, 회복력, 무결성을 개발할 수 있다. 또한 이것을 내면 깊이 자리한 품성에 통합함으로써 야망이 우리에게 도움이 되도록 만들 수 있다. 우리는 아무리 터무니없는 꿈이라도 그 꿈을 향해 야망을 펼칠 수 있다. 그리고 옳은 방향으로 가고 있다는 만족감을 느낄 것이다.

야망을 지속시키고 힘을 더해 주는 세 가지 토대

집중력, 회복력, 무결성의 세 가지 토대는 야망에 안정성을 부여하며, 그 안정성은 성취를 추구하는 과정에서 가장 가치 있는 자산이다. 이제부터 우리는 세 가지 토대를 깊이 있게 다룰 것이다. 하지만 여기서 핵심은 '야망을 키우는 여섯 가지 원칙을 실천해야만 각각의 토대를 개발할 수 있다는 점'이다. 앞선 여섯 가지 원칙을 일관되게 지속적으로 실천하면 세 가지 특성이 자신의 품성에 발현될 것이다.

집중력

앞서 시간 관리 부분에서도 이 주제에 대해 이야기했지만 야망을 키우고 모든 원칙을 지속하는 열쇠는 바로 집중력이다. 우리는 집중해야 한다. 목표를 명확히 세우고 어떤 것도 길을 막도록 두지 말아야 한다. 활을 쏠 때까지 목표를 주시하고, 야망에 이득이 되지 않는 한 어떤 것에도 관심을 빼앗기지 말아야 한다. 부정적인 영향을 미치는 장애물을 피하거나 다른 길을 찾아 나설 시도를 하지 않는다면, 목표에 도달할 때까지 장애물이 앞에 나타나지 않도록 해야 한다.

스포츠에서 집중은 매우 중요하다. 완벽한 프로 선수는 경기장에서 관중의 응원 소리를 신경 쓰지 않는다. 그들의 집중력은 온갖 소음과 혼란을 막아 준다. 그들은 몸을 움직인다는 한 가지 생각밖에 없다. 테니스에서 상대 선수가 공을 보내는 데 걸리는 시간이 얼마나 되는가? 그리 길지 않다. 집중력을 잃는다면 어떻게 되는가? 경기가 끝나 버릴 것이다. 조금이라도 집중력이 흐트러지면 그 사이 상대 선수가 빠르게 공을 보낼 것이고 아무리 프로 선수라도 경기에서 지고 말 것이다.

중요한 프레젠테이션에서 잠깐이라도 집중력을 잃으면 오랫동안 준비해 온 고된 노력이 한순간에 물거품이 될 수도 있다. 중요한 프레젠테이션을 위해 쌓아 온 모든 추진력이 사라질 수도 있는 것이다. 집중력을 유지하지 못한다면, 청중을 주시하지 못한다면, 지금 하고 있는 일에 전념하지 못한다면, 눈앞의 과업에 집중하지 못한다면 기회를 놓칠 수도 있다.

어디에 있든 그곳에 집중하라. 지금 당장 해야 할 일이 무엇이든 그 일을 하라. 해야 할 모든 일을 한 번에 생각할 수는 없다. 한 번에 한 가지, 즉 한 가지 프로젝트, 한 가지 일에만 집중해야 한다. 한 번에 한 가지 과업을 수행해서 완료해야 한다. 하기로 계획한 일을 하라. 그 한 가지 일에만 전념하라. 그렇지 않으면 무엇도 이루지 못할 것이다.

집중에는 많은 규율이 필요하다. 집중을 위해 프라이버시 확보를 요구하고, 중요한 업무를 하는 동안 '방해 금지' 표시를 문에 붙여 두는 것이 좋다. 집에서 전화가 울릴 때마다 받지 않으려면 많은 규율이 필요하다. 음성 메일, 자동 응답기, 이메일, 문자 등을 만든 것은 이 때문이다. 따라서 매번 전화를 받을 필요는 없다. 가족은 방해받지 않는 저녁 시간을 고마워할 것이고, 야간 근무는 훨씬 빨리 끝날 것이다. 당면한 일에 집중하고 집중을 유지하기 위해 스스로에게 규율을 요구하라.

하루에 완료해야 할 일이 많다면 집중력이 가장 좋을 때 가장 힘든 일을 하라. 아침형 인간이라면 에너지가 다 소진된 저녁까지 기다리지 말고 아침에 일을 끝내라. 신체 컨디션이 일을 처리하기에 가장 적합할 때 가장 높은 집중력을 요하는 일을 하라. 저녁형 인간이라면 머릿속이 복잡

한 아침이 아닌 밤에 힘든 일을 하라. 자신의 신체 리듬을 파악하여 가장 적합한 때에 가장 높은 집중력이 필요한 일을 하라.

직장에서는 업무에 집중하고, 회의 중에는 그 회의에 집중하라. 자녀의 학예회나 축구 경기, 댄스 발표회에 참석했다면 거기에 집중하라. 다른 곳에 정신을 팔지 마라. 당면한 과업 또는 지금 일하는 회사에 집중하라. 대화 도중 딴생각을 하지 마라. 어떤 중요한 사항을 놓칠지 모른다. 집중하라. 지금 있는 곳과 지금 하는 일에 충실하라. 규율을 통해 마음을 다잡아라.

더 집중해야 할 필요성을 인식하고 집중력을 유지하기 위해 스스로를 단련하면 집중이 더욱 쉬워질 것이다. 집중력은 배울 수 있으며 습관이 될 수 있다. 매일 조금씩 노력하면 집중하는 것이 쉬워지고 마음을 다잡는 데 낭비하는 에너지가 줄어들 것이다. 야심 찬 사람이 되기 위한 첫 번째 토대는 집중력이다. 마음을 집중하라. 지금 있는 곳에 집중하도록 스스로를 단련하라. 일할 때는 일하고 놀 때는 놀아야 한다. 두 가지를 혼동하지 말고 집중하라. 업무에 마땅한 주의를 기울이고, 가족에게 마땅한 주의를 기울이고, 동료에게 마땅한 주의를 기울여라.

회복력

회복력이란 구부러지거나 늘어나거나 눌려도 원래 형태로 돌아가는 능력을 말한다. 이는 질병이나 우울증 또는 역경에서 쉽게 회복하는 능력을 말하기도 한다. 즉, 회복력이란 좌절, 상심, 깨진 꿈, 재정 위기, 사랑하는 사람과의 이별, 사업 실패, 건강 상실 등을 견뎌 낼 수 있는 능력을 뜻한다. 하루아침에 자신이 가진 모든 것을 잃는다면 어떻게 삶에 대처하겠는가? 다음 단계에 어떤 조치를 취할 것인가? 얼마 동안 우울해하고 화를 낼 것인가? 스스로 일어나 다시 시작하려면 무엇이 필요한가? 당신은 얼마나 회복력이 있는가? 당신은 이런 상황을 감당할 수 있는가? 수많은 실망에서 배우고 처음부터 다시 시작할 수 있는가? 이같은 질문들에 답하려면 무엇이 필요할까?

첫 번째, 상당한 자기 규율이 필요하다. 다시 시작할 에너지를 내기 위해서는 긍정적인 자기 대화를 많이 해야 한다. 자신과 주변의 부정적인 목소리가 만들어 내는 소음과 혼란을 차단하려면 높은 집중력이 필요하다. 두려움과 불안에 짓눌리지 않고, 다시 할 수 있다는 확신을 가지기 위해서는 많은 규율이 필요하다.

두 번째, 상당한 자립심이 있어야 한다. 지금의 상실과 손해가 자신과 관련되었든 아니든 미래의 성공은 모두 자신과 관련이 있다. 비난을 피하기 위해서는 상당한 자립심이 필요하다. 일어난 일은 돌이킬 수 없다. 우리는 자신의 인생을 살며 다시 시작해야 한다. 모든 것을 잃고 다시 도전하기 위해 용기를 모으고 있다면 한 번 더 해낼 수 있는 기술, 재능, 힘이 있다는 것을 확신하는 자기 인정이 필요하다.

회복력은 크든 작든 역경을 딛고 일어서는 능력이다. 총 매출의 25% 이상을 차지하는 대형 고객을 잃는다면 어떻겠는가? 이 고객을 잃으면 재정적으로, 감정적으로 큰 타격을 입을 것이다. 게다가 한동안 다른 일에도 부정적인 영향을 미칠 것이다. 가장 먼저 해야 할 일은 이 고객을 잃은 이유를 찾아내는 것이다. 당신이 어떤 역할을 했는지, 어떤 부분이 당신의 책임인지 등을 생각하라. 이 일로 주변 사람들에게 악을 쓰고 고함을 쳐서는 안 된다. 누군가의 잘못으로 생긴 일이라 해도 전문가답지 않게 행동해선 안 된다. 그렇지 않으면 함께 일하는 사람들, 신뢰하는 동료들, 귀중한 지원 인력들에게 존경을 잃을 것이다. 한번 잃은 존경은 다시 얻기 어렵다. 합리적으로 상황에 접근해 손실을 딛고 일어설 방법을 찾아야 한다. 상황을 평가한 다음, 잃은 고객을 되찾고 다른 거래에서 시장점유율을 높이고 비슷한 고객이나 더 큰 고객을 확보하기 위해 네트워크를 구축할 계획을 세워야 한다. 주저앉아 지난 일에 얽매이지 마라. 현장으로 돌아와 잃은 것을 되찾아야 한다. 다시 시작해서 잃은 것을 되돌려라.

사랑하는 사람의 죽음, 이혼, 특별한 우정의 상실 등 우리는 개인적인 상실을 겪을 수도 있다. 지극히 개인적인 상실이라면 조금 다른 방식으로 상황에 접근해야 한다. 스스로에게 인내심을 갖고 슬퍼할 시간, 애도할 시간, 마음을 가다듬을 시간을 주어야 한다. 이는 정신과 의사이자 심리학자인 엘리자베스 퀴블러-로스Elisabeth Kübler-Ross의 저서《죽음과 죽어감에 답하다On Death and Dying》에 아주 잘 정의되어 있다. 그는 죽음을 받아들이는 다섯 단계의 기전으로 부정-분노-협상-우울-수용을 말했다. 글자 그대로의 죽음이든 비유적인 죽음이든 죽음을 받아들이는 다섯 단계는 동일하다. 각 단계를 거쳐 수용에 도달해야만 다시 일어나 시작할 수 있다.

어린이는 성인보다 회복력이 뛰어난 경우가 많다고 한다. 그 이유는 무엇인가? 아마 과거 경험을 바탕으로 현재 상황을 평가하지 않기 때문이다. 아이들은 새롭고 신선한 방식으로 상황에 접근한다. 그리고 마음속에서 어른들보다 상실을 훨씬 더 잘 처리한다. 빈곤이나 학대, 방치 등의 불행한 환경을 딛고 성공한 아이를 '민들레형 아이'라고 한다. 열악한 조건에서 성공하고 발전할 수 있다면 어디서든 성장할 수 있기 때문이다. 민들레형 아이처럼 되는 것이 중요하다. 즉 현재 상황이 좋지 않거나 상실을 겪었음에도 불구하고, 성장하고 발전하고 성공할 수 있는 회복력을 갖춰야 한다. 회복력을 키우면 다른 사람들이 실패라고 부르는 상황을 성공으로 바꿀 수 있다. 회복력이 있는 사람은 포기하지 않는다. 회복력이 있는 사람은 어떤 장애물과 좌절에도 끝까지 해낸다.

스티븐 월린Steven Wolin과 시빌 월린Sybil Wolin은 저서《회복력 있는 자아The Resilient Self》에서 회복력의 특성을 연구하여 회복력을 구성하는 일곱 가지 핵심 능력을 찾아냈다.

① 통찰력이 있어야 한다

즉 스스로에게 어려운 질문을 하고 솔직하게 답할 수 있는 능력이 있어야 한다. 자신이 손실에 관여한 부분이 있다면 솔직하게 인정하고 책임져야 한다.

② 독립적이어야 한다

회복력이 있는 사람은 오직 자신에게 의지해 삶을 회복한다.

③ 다른 사람과의 연관성을 생각해야 한다

책임지는 사람이 많을수록 다시 시작하려는 동기가 커지며, 이유가 확고할수록 행동이 단호해진다.

④ 주도성이 있어야 한다

주도성이란 상황을 총괄하는 능력, 문제를 책임지는 능력, 다시 시작하는 데 필요한 모든 것을 실행하는 능력이다.

⑤ 창의적이어야 한다

회복력이 있는 사람은 창의적이다. 상황을 검토해 최적의 방법을 창의적으로 결정하고, 해결책을 모색하며, 다시 시작하기 위해 진취적으로 접근해야 한다.

⑥ 유머 감각이 있어야 한다

회복력이 있는 사람은 유머 감각이 있다. 유머 감각은 삶의 방향을 돌리는 데 매우 중요하다. 어떤 사람은 "언젠가 이 일을 돌아보며 웃게 될 것이다."라고 말한다. 이렇듯 야망을 진지하게 받아들이고 스스로를 진지하게 생각해야 하지만, 때로는 자신과 자신의 상황을 두고 웃어넘길 수 있어야 한다.

⑦ 도덕적이어야 한다

다시 일어서기 위해, 삶을 회복하기 위해 어떤 일을 하든 그것은 도덕적이어야 한다. 다른 사람의 희생이 아닌 다른 사람에 대한 봉사를 통해 성공하라. 내가 이것을 지금까지 여러 차례 강조한 것은 너무나 중요하기 때문이다. 성공이 내 것이라면 다른 사람에 대한 봉사를 통해 이루어야 한다.

무결성

야심찬 삶의 세 가지 토대 중 집중력, 회복력까지 이야 기 했다. 마지막은 무결성이다. 무결성이란 삶의 도덕적 원칙을 준수하는 것, 도의적으로 일을 처리하는 것, 정직 하게 행동하는 것이다. 무결성은 이런 말로 표현된다. "가 치에 대해 정당한 대가를 지불하고 싶다. 공짜로 무언가 를 얻는 것은 내게 아무 도움이 되지 않는다. 싼값에 무언 가를 얻는 것은 나를 하찮은 사람으로 만든다." 이것이야 말로 이기심이자 무결성이다. 어째서 그런가? 무엇에 대해 비용을 지불하는지가 곧 나를 만들기 때문이다. 비용을 지 불하면 다른 사람을 이용하지 않는 무결성을 갖게 된다.

우리는 탐욕스러운 사람들이 대규모 거래를 성사시켜 막대한 가치를 얻었음에도 어떻게 가격을 0으로 협상했는 지, 어떻게 다른 사람들에게 손해를 입히고 수익을 얻었는 지 자랑하는 것을 듣곤 한다. 우리는 모두 가장 좋은 가격 에 가장 큰 가치를 얻기 위해 쇼핑하지만, 다른 사람을 희 생시키거나 막대한 거래에서 다른 사람을 속여 이익을 얻지는 않는다. 누군가를 고용해 일을 시킬 때에는 정당한 대가, 즉 다른 사람이 나를 위해 일하는 것에 대해 합당한 가치를 지불해야 한다. 그렇지 않으면 그들은 결코 당신을 위해 일하지 않을 것이다. 제대로 보상을 받지도 못하면서 당신을 돋보이게 만들기 위해 장시간 고된 일을 하고 싶은 사람은 아무도 없다. 정직한 가치에 정직한 대가를 지불하라. 관련된 모든 사람을 이롭게 하라. 저렴한 사람이 되지 말고 공정한 사람이 돼라. 그렇지 않으면 돈 몇 푼이 아니라 자신의 무결성이 위태로워진다.

무언가를 간절히 원한다면 그것을 얻고 대가를 지불해야 한다. 어째서 그런가? 무엇에 대해 비용을 지불하는지가 곧 나를 만들기 때문이다. 더 많이 갖고 싶다면 더 많은 것에 어울리는 사람이 되어야 하며 더 많이 벌어야 한다. 그렇다면 얼마나 벌어야 하는가? 가능한 한 많이 벌어야 한다. 그리고 항상 최선을 다하고자 노력해야 한다. 삶의 본질은 성장, 즉 실행하고, 되고, 노력하고, 발전하고, 성취하는 것이다. 최대한 높이 자라는 나무처럼 돼라. 최대한 높이 날아오르는 새처럼 돼라. 최대한 활짝 피어나는 꽃처럼 돼라. 어떤 항로를 계획했든 목적지에 도달하기 위해 최선을 다하라. 이러한 개념이 바로 무결성의 일부다. 원하는 것을 추구하고, 되고자 하는 것을 추구하며 정직하게 최선을 다해야 한다. 그리고 무슨 일을 시작하든 끝까지 완수해야 한다.

무결성을 보여 주는 훌륭한 이야기가 있다. 신약 성경 속 사도 바울은 자신이 떠난 뒤 어떤 평판이 남기를 원하는지에 대해 이렇게 말했다. 첫 번째는 "당신은 잘 싸웠다. 당신의 자녀를 포로로 잡으려는 이데올로기를 막았고, 당신을 위협하는 모든 적을 위협했으며, 가정에서 자녀를 지키는 부모처럼 싸웠다. 당신은 잘 싸웠다."라는 말이었다. 당신 또한 이겼든 아니든 적어도 잘 싸웠다는 평판, 즉 권리를 위해 경기를 위해 무결성을 위해 정직을 위해 성공을 위해 잘 싸웠다는 평판을 남겨라. 조금의 에너지도 남기지 말고 싸워라. 어떤 종류든 성공을 이루는 데 가장 중요한 열쇠는 "나는 잘 싸웠다."라는 평판을 남기는 것이다.

바울이 떠난 뒤 사람들이 해 주기 바란 두 번째 말은 "당신은 임무를 완수했다."라는 것이었다. "당신은 일을 끝낼 때까지 머물렀다. 그들은 당신에게 임무를 주었고 당신은 그것을 완수했다. 당신은 절반만 끝낸 채 두지 않았다. 당신은 결코 경기가 끝나기 전에 경기장을 떠나지 않았다. 당신은 머물렀다. 당신은 끝까지 해냈다." 얼마나 좋은 평판인가. 끝까지 해내라. 임무를 완수하라. 프로젝트를 완료하라. 계약을 마무리하라. 무슨 일을 시작하든 끝까지 완수하라.

세 번째는 "당신은 믿음을 지켰다."라는 말이다. 이것은 중요하다. 가족에 대한 믿음을 지켜라. 종교에 대한 믿음을 지켜라. 회사를 비롯해 자신이 소속된 집단에 대한 믿음을 지켜라. 우리는 서로에 대한 믿음과 변함없는 신뢰를 약속한다. 각자는 모두에게 이것을 약속한다. 당신이 함께 하고 싶을 만큼 높은 무결성을 지닌 집단, 즉 신뢰를 약속하고 지키는 사람들로 이루어진 집단에 당신이 속해 있기를 바란다.

"여러분은 안심할 수 있습니다. You're in good hands." 이 문구는 보험회사 올스테이트Allstate의 슬로건이다. 이것은 우리 모두의 평판이 되어야 한다. 어디를 가든 가족, 회사, 자신을 훌륭히 대표할 수 있는 좋은 실력을 지녔다는 평판을 쌓아라. 무결성과 정직함을 갖추고, 다른 사람의 희생이 아닌 다른 사람에 대한 봉사를 통해 성공하라. 그러면 그 길 끝에서 이렇게 말할 수 있을 것이다. "나는 잘 싸웠고, 임무를 완수했고, 믿음을 지켰다." 여기서 마지막 부분인 믿음을 지키는 것은 그리 쉽지 않다. 주기도문의 핵심이 무엇인지 아는가? "우리를 시험에 들게 하지 마옵시고, 다만 악에서 구하소서."라는 구절이다. 이것은 우리가 사악함에 맞닥뜨리고 어둠의 골짜기를 지날지라도 사악함으로 인해 무결성에서 멀어질 것을 두려워하지 않도록 무결성을 지키게 해달라는 의미다. 직분에 대한 믿음을 지켜라. 회사에 대한 믿음을 지켜라. 가족, 배우자, 자녀에 대한 믿음을 지켜라. 교회에 대한 믿음을 지켜라. 공동체에 대한 믿음을 지켜라.

내 얼굴이 곧 내가 사랑하는
사람들의 얼굴이다

어디를 가든 가족을 훌륭히 대표하라. 어디를 가든 내가 속한 집단을 훌륭히 대표하라. 어디를 가든 동료를 훌륭히 대표하라. 어디에 있든 친구를 훌륭히 대표하라. "나는 잘 싸웠고, 임무를 완수했으며, 믿음을 지켰다."라고 말할 수 있는 것은 대단한 일이다. 바울은 이렇게 마무리했다. "이제 나를 기다리는 왕관이 있음을 알고 있다. 나는 그것을 받을 자격이 있다." 훌륭하지 않은가? "나를 위한 트로피가 있다고 들었다. 나는 그것을 받을 자격이 있다." 얼마나 멋진 이야기인가. "나는 잘 싸웠고, 임무를 완수했으며, 믿음을 지켰다. 나는 왕관을 받을 자격이 있다." 이보다 더 훌륭할 수는 없을 것이다! 우리가 관계를 맺고 있는 다른 사람들은 그러한 유산을 남길 야망이나 무결성이 없을지도 모르지만, 우리에게는 있다.

당신이 야망을 키우고, 다른 사람에게 빛과 방향을 제시하고, 생각과 인격을 개선시킬 기회를 향해 나아갈 때 다른 사람들이 소소한 삶을 선택한다면 그런 삶을 살도록 내버려 두어라. 하지만 자신은 그렇게 두지 마라. 다른 사람들은 작은 상처에 울게 두더라도 자신은 그렇게 두지 마라. 다른 사람들은 중요하지 않은 일로 다투게 두더라도 자신은 그렇게 두지 미라. 중요한 일, 더 큰 도전, 더 큰 기회에 뛰어들어라. 절대적인 최고가 되기 위해, 최선을 다하기 위해, 최고의 사람, 최고의 친구, 최고의 배우자, 최고의 부모, 최고의 동료가 되기 위해 도전하고 책임감을 가져라.

당신의 인생을 바꿀
야망의 힘

야망을 키우는 데 필요한 원칙들을 이해하고 적용할 때,

야망이란 다른 사람에 대한 봉사를 통해 성공하려는 간절한 열망임을 기억해야 한다. 가족을 위해 더 많은 일을 하고 건강과 부 그리고 관계를 발전시키려는 간절한 열망임을 기억해야 한다.

자신이 야망 이상의 존재임을 깨닫고 야망이 자신에게 도움이 되도록 만든다면 당신은 집중력, 회복력, 무결성을 개발할 수 있다. 이 세 가지 측면은 야망을 불러일으킨다. 이때의 야망이란, '진실한 사람이 되어 자신이 가진 가장 좋은 내면을 표현하려는 욕구'에서 비롯된다. 그리고 집중력, 회복력, 무결성의 세 가지 성품이 작동할 때, 야망은 당신이 더욱 높은 곳에 도달하도록 끊임없이 영감을 불어넣을 것이다.

나는 당신이 자신의 힘을 근본적으로 이해하기 바란다. 당신이 야망을 키우고, 성취를 더하고, 영향력을 강화하기 바란다. 당신에게 영혼, 정신, 마음, 지갑의 보물이 있기를 바란다. 그리고 내가 공유한 내용이 당신의 기량을 연마하고 삶을 특별하게 만드는 데 도움이 되는 통찰이었기를 바란다.

　야망의 힘이 당신을 위해 발휘되고 당신을 위대함으로 이끌게 하라. 야망의 힘을 통해 동기를 얻어 다른 사람에게 영향력을 발휘하라!

야망의 힘

초판 1쇄 발행 2024년 1월 19일

지은이 짐 론
옮긴이 유지연
펴낸이 민혜영
펴낸곳 오아시스
주소 서울시 마포구 월드컵북로 402, 906호(상암동 KGIT센터)
전화 02-303-5580 | **팩스** 02-2179-8768
홈페이지 www.cassiopeiabook.com | **전자우편** editor@cassiopeiabook.com
출판등록 2012년 12월 27일 제2014-000277호

ⓒ짐 론, 2023
ISBN 979-11-6827-166-1 (03190)

- 오아시스는 (주)카시오페아 출판사의 인문교양 브랜드입니다.
- 잘못된 책은 구입하신 곳에서 바꿔 드립니다.
- 책값은 뒤표지에 있습니다.